遅れ時計の詩人

編集工房ノア著者追悼記

涸沢純平
Karasawa Junpei

編集工房ノア

雪　清水正一

雪ガフッテイル

チ・

エ

ホ

フ

ソンナオトシテ降ッテイル

――「雪」部分（『清水正一詩集』）

『遅れ時計の詩人——編集工房ノア著者追悼記』目次

装幀　森本良成

I

落花さかん——港野喜代子（一）

詩人港野喜代子さんと私が別れたのは、一九七六（昭和五十一）年四月十五日の夕方であった。淀屋橋の南たもと、京阪電車と地下鉄への降り口と、南側には第一勧業銀行がある交差点のところ。五時を過ぎて退社時間のはじまった雑踏のなかで、私は地下鉄の降り口へ、港野は第一勧銀側への横断歩道へ……。横断歩道を渡りながら港野は振り向いて、私に何かを言った。いつも周囲に遠慮のない大声の港野だったが、その声は騒音に消えて、聞こえなかった。

横断歩道を行く小柄な港野の身体に夕陽があたっていた。天気の良い日であった。私は聞こえなかったけれど、手を振ってうなずいて、港野さんの言いたいことは全部わかっているというふうに合図を送った。歩道から呼びかけるのだから大事なこみ入ったことではないだろう。用事であればまた明日電話がかかってくる。電話のひんぱんな港野でもあった。私から掛けてもいい、と思い何気なく手をあげて、別れたのだった。

私はこの日、午後〇時三十分に梅田の新阪急ホテルで港野と会った。私たちはこのホテルを待ち合わせ場所としてよく使った。ロビーの壁面には山部赤人の万葉歌が水嶋山燿の流麗な筆で一面に描かれていた。ロビーは広く待ち合わせの席もゆったりしていた。

今、万葉歌の壁面はとりのぞかれ、どこにでもある特徴のない洋風の壁面になっている。壁側にゆったりととられていた無料の待ち合いロビーは、仕切られ喫茶室となってしまった。

港野が生きていたら、きっとホテル側に文句を言ったろう。「ケチくさいことをするな、それでなくても大阪はガメツイ、文化がないと言われているのに」と、持論をぶつけたに違いない。

実際、港野は阪急に文句をつけたことがあった。

阪急電車は梅田駅の位置を京都側に移しビルやショッピングセンターを作ったが、阪急百貨店に沿ったコンコースに野鳥の声を流した。阪急としては都会にうるおいを、といった安易なサービスの気持だったのだろう。

港野はそれを間違いのサービスだと言った。野の鳥の声を都会の中央の建物の中で流すのは、見せかけ（聞せかけか）の嘘の世界でやすらぎを与えるものではない、都会《まち》のなかに野鳥の声などするわけがない、野鳥のさえずりは野にあってこそなのだ、と言ったのだ。港野は文句言いだったけれど、陰気な物言いではなかった。「あんた、あかんやないの」「そんなわけないやないの」、明るくやんわりと正面から、自分の思うことを言った。港野が亡くなってすでに十五年。大阪の町はせちがらく、すさんで見える。

港野は箕面に住んで、勤め人ではなかったが、梅田までの定期券を持って、毎日のように大阪でのさまざまな用事に通った。

この日私たちは、港野の出版して間もない詩集『凍り絵』を持って、宣伝のため新聞社回りをしようということで待ち合わせた。

新聞社回りをしよう、と言ったのは港野だった。こちらから新聞社にたのんで回るのは、少々抵抗がないわけではなかったが、港野は各社に馴染みの記者がおり、私たちは何より発行したばかりの二千冊の『凍り絵』をさばかなければならなかった。それにこの詩集は港野にとっては二十年振りの第三詩集で、どう受けとめられるか期待と不安が入り交じっていた。

新阪急ホテルの奥のレストランで、私は食事を済ませていたので食べなかったが、港野はカレーライスを食べた。付け合わせに出てくるラッキョウをあるだけ皿に取った。好きなのだ。いつもそうだ。

食べ終わるとコーヒーを取り、容器のフレッシュミルクを一杯に入れた。これもいつものことだった。

まず私たちが最初に行ったのは、桜橋のサンケイ新聞だった。だがお目当ての担当記者は不在で、替わりの女性記者が出て来た。記者は妊婦服を着ていた。担当記者に詩集を言付けた。

隣にあるラジオ大阪に寄った。港野は仕事をしたことがあるのだろう。突然のことであったが港野の呼んだ人が出てきた。

「二十年振りの詩集が、やっとできた」

詩集を手渡した。濃紺の表紙に題名と著者名を分けて、赤い二本の線が引かれブルーの帯がかかっている。

初老の痩身の男性は植野さんといった。この人も亡くなられたという話を聞いた。

次は毎日新聞に南部ひろ記者を訪ねた。新聞社の地下喫茶室で二人の話ははずんだ。詩集のことはもとより、南部さんは最近自分が力を入れている取材のことを熱っぽく語った。

朝日新聞では高橋徹さんに会った。喫茶店に誘われた。高橋さんは詩人でもある。私も面識があった。

「ほう、よかったですね」

優しく顔をほころばされた。

朝日新聞を出ると大川沿いに歩き、広告会社電通に寄った。

港野には二男二女の子供がいるが、長女氏家あゆは絵を描き、次女千穂はグラフィックデザイナーでかつて電通に勤めたことがあった。その後阪神百貨店宣伝部に移り、この時は東京の早川良雄デザイン事務所で働いていた。

電通には娘千穂の友達がいた。ロビーには前田美代さんの他、二、三人の女性が集まった。

「自費出版じゃなくて、私の自由にあげられへんので、買うてね」

あつかましい言葉だが、明るくさらりとしているので嫌味はない。女性たちはにぎやかに話した。

外に出ると陽は傾いて赤くなっていた。淀屋橋まで歩いた。私は淀屋橋から地下鉄で中津へ帰る。慣れないことと傍にいただけであったが人に会いづめだったので、私は少々疲れていた。港野はこれから読売新聞に電話をし、清野博子記者がおれば読売に行くと言った。橋を渡りながら、

「こうして回っても、空しいだけや」

港野は、ぽつり、と言った。

何人かの証言を合わせると、この後港野は、読売新聞に清野博子さんを訪ね、詩集を手渡した後、映画「サンチャゴに雨が降る」の試写を観る。会場で小野十三郎さん、「未生」編集者の山本明代さんに出会う。詩集『凍り絵』に小野さんは跋文「猫は熱い魚が好きなので」を寄せている。「未生」はいけ花未生流の機関誌で港野は詩を連載していた。帰る方向がいっしょなので、山本さんの運転する車で箕面の自宅に送ってもらった。

多分風呂が湧く間のことだろう。先の電通の前田さんのほか何人かに電話をした。

深夜十二時頃か、港野は一人ずまいの家の風呂に入り、心臓マヒを起こし、死んだ。

忙しい一日であった。私と会う前、午前中は神戸へ行っていた、と言った。詩集が出来

て間もないということはあったが、港野にとって多忙はいつものこと、であった。忙しさを楽しんでいる風もあった。

翌十六日、港野と詩誌「日本未来派」の同人仲間である山内宥厳氏は、港野に梅田東宝画廊で午後五時に会う約束をしていた。詩集の販売をたのまれていた。

十八日（日）は、関西書院が発行するアンソロジー『関西詩集II』の記念パーティーが大阪グランドホテルのレストランであり、こうした会場には必ずといっていいほど姿を見せるはずの港野がいないので、「どうしたのか」と出席者はささやき合った。

港野の死が発見されたのは、十九日、月曜日の午後四時二十分ごろ、大学教授孝橋正一氏によってであった。氏は『凍り絵』の帯文を書いている。港野に講演依頼をしようとして何度も電話をしたが出ないので、直接自宅を訪ねたのだ。

港野の死は直ちに大阪文学学校に連絡された。小野十三郎さんが校長、港野は副校長だった。文学学校事務局に川崎彰彦さんがいた。

私のところには、川崎さんから電話が入った。

翌二十日の朝刊に「女流詩人港野さんふろで心臓マヒ死」の写真入りの死亡記事が出た。

行年六十二歳。私はいたたまれない気持でともかくも港野宅に行こうと思ったが、阪急電車が私鉄ストに突入、動きがとれなかった。梅田阪急百貨店前から豊中行きのバスがあり、豊中から箕面行きのバスに乗り継げばいいということを聞いたので、地下鉄で梅田に出た。バスの窓から流れる風景は、膜を張ったようによそよそしく見えた。ぼんやりと何を考えるでもなかったが、知らないルートで箕面の港野の家までたどりつけるだろうか、と思いながら車窓の風景を見ていた。

豊中駅でバスを乗り換えたが、箕面駅行きに乗るべきが箕面高校前行きに乗ってしまい、町はずれの高校前から箕面駅まで急いで歩き、さらに港野の家までは急な坂道を上った。

この時、阪急電鉄労組には詩人森上多郎氏が組織部長でいた。ストは二十二日午前二時三十分まで七十二時間ストが敢行された。

港野の家ではすでに密葬の式が始まっていた。高台にある平屋の小さな家。離れが二つある。一つは港野の寝室。一つは書庫というよりは倉庫で古い雑誌・書籍類が半ば朽ちかけている。（港野宅午前十一時二十分着）

居間と座敷の二部屋で葬儀が行われているのだろうが、中の様子は見えない。縁側に人が立ち、私は離れて庭に立っていた。

近くに住む画家の小林氏の白髪に覚えがあったが、他は知らない人ばかりである。港野が講師をする同人雑誌「箕面文芸」の同人で近所に住む与川さんの姿もこのなかにあるはずだが、私は面識がない。わずかに近所の人たちが集まった様子で、中高年の女性が多い。庭は野や山の草花が自由にしげり、花咲いている。園芸の花や手入れされた花木ではない。

港野は野の花を摘んできて、集まりの壇上にありあわせのビンに飾り、お得意の即興詩を朗読した。花は決して花屋のものではなく質素な野の花であったが、あの花々はこの庭の花であったのだ。

庭の隅に、桜の木が大きいのと小さいのと二本並んであった。いっぱいに花が咲いていた。空は澄んで青く、風が吹くと花びらが無数に散った。前の人の頭や背にかかり、庭の草々の緑の上に、淡いピンクが降り敷いた。

新聞に載る花便り、この桜木の「落花さかん」は今なのだと、港野のことを思った。

（高村三郎発行「境涯」21号・一九九二年六月）

美しく力強い言葉——港野喜代子（二）

港野喜代子さんの密葬が行われたのが四月二十日、公葬は二十三日、港野宅への坂道の途中にある法林寺で行われることになった。

杉山平一さんは葬儀に出られない用事があったので通夜に弔問した。通夜は自宅で行われた。私は通夜には出なかった。杉山さんは追悼文で、「山の彼女の家は草が自在にしげり花咲きみだれ、まさに、あの詩人の家だった」と書いている。私が立ったように杉山さんも庭に立った。

骨壺の上に、司馬遼太郎氏の港野への追悼文が掲載された読売新聞が供えられていた。

杉山さんは読売新聞のことを知らなかった。

前日二十一日の夕刊、司馬遼太郎氏「人中の花」*と題した文章だった。

この文章は、港野が死ぬとか生きるとかという生の感覚を超えた童女を思わせながらも、確乎とした地球の一員であるという奇妙な存在感を持っていた、という書き出しで始まり、港野が大阪市岡で生まれ、父が大きな船の司厨長で、母が早く亡くなった生いたちにふれ、彼女は人を有名無名に関係なく「うち、あんた」と平等にとらえていたこと、梅雨で気分が鬱陶しい時はどうするかと聞くと、「雨に打たれて歌うねん」と言ったこと、冬の終わりに筆者宅に野すみれ五本ばかり届けてくれること、天衣無縫というか世間の常識にとらわれない自分の創意工夫で生きる港野の姿を書いている。

彼女のメッセージとしての即興詩にもふれている。「あなた結婚するの。じゃ詩をあげよう」と口誦する。最後を、「生前、彼女は誰にも迷惑をかけず、しかもその死も、彼女らしく自分ひとりで完結するような死に方で死んだ。中央に聞こえることすくなく大阪の街だけの詩人だったこの人の生涯は、まことに堂々としていて『無量寿経』でいう人中の花だったといっていい」と結んでいる。

私はこの文章を読んで、感銘を受けた。四百字詰原稿用紙にして僅か七枚程の原稿で、港野の六十二年の人生が描かれているのに驚いた。港野の生涯が俯瞰され、しかも情の底に届いている。司馬氏の文学の方法である。

「文学学校周辺にはない文章だな」と私は思った。私は港野のすすめもあって、その六年前に大阪文学学校に入り、幾人かの詩人、作家たちにふれたが、文学のありかたとしては細部をとらえるところから全体を構築していく方法、細部が大事だという見解であったように思う。

私はそれまで司馬氏の文章をほとんど読んでいなかった。文学学校の物の見方からしても、むしろ軽視していた。無名性にこそ価値（真実）があるとも思っていた。

だが私は、この司馬氏の港野追悼文によって目を開かれる思いがした。よく知る港野のことだけに、この文章のあますところのないことがよくわかった。港野がすくわれた気がして、うれしかった。

杉山さんは帰りの電車から新聞の販売所の灯を見て、わざわざ途中下車をし、一日遅れの夕刊を買った。

翌日の葬儀は、午後二時から三時までの予定であったが、編集工房ノアの事務所に吉野和巳さんが朝十時半に来てくれた。

前日、文学学校事務局の川崎さんから、小野十三郎さんが葬儀の受付で『凍り絵』を売ればいいと言っておられるが、と言う電話があった。

私はいくら常識にとらわれない港野の葬儀にしろ、葬式で本を売るのはどうかと思った。

「出たばかりで、知らん人も多いやろから」

小野さんの言葉だと言う。持ち歩いて売るからという最大の販売人を失って、どうなるのかという不安もないではなかったので、私はあえて言葉に甘えた。

だがノアには自動車がなかった。私は運転も出来ない。吉野さんに運搬をたのんだ。

吉野さんとは文学学校周辺でつき合いがあり、彼は前年の暮れ「大阪ろまん」というタウン誌を創刊し、港野の特集を組んでいた。

吉野さんの車で寺につくと、朝からの小雨が降り続いていた。あいにくの雨となった。

坂道で山内宥厳さんに会った。彼は近年僧籍に入り挨拶に手を合わせた。寺には準備の人たちもまだまばらだった。

阪急箕面駅を下りると、山に向かって箕面の滝道が川沿いに伸びている。両側に土産物屋が軒をつらねている。その右側傾斜地一帯が箕面市箕面の住宅地である。

前の家にはベンツが三台ある、と港野は言った。

山に向かって滝道の右に住宅地の坂道がある。滝道より勾配が急で、坂を登り切ったところを右に曲がると港野の家である。平屋の小さな家。

この頃港野は、坂の途中で何度も休む、とよく知る人に話した。

葬儀の行われる法林寺は、坂道の途中、左側にあった。参道の石段の上からは箕面の町が見下ろせる。

私は境内から外へ出なかったので見なかったが、箕面の駅から寺まで喪服の人々の列が連らなった、と後から来た妻から聞いた。

傾斜地にある寺の狭い境内は人であふれた。本堂の脇にある庫裡の縁側に銀髪の司馬遼太郎氏が腰をかけていた。傘を刀のように前で立て手を休めている姿が凜として、名高い武将か剣士を思わせた。

庫裡の座敷で読売新聞の駒井五十二記者が、司馬さんの追悼文の載った二十一日の夕刊を何部も持って、人々に手渡している。

駒井五十二は東大独文卒の無頼派の文化部記者で、渋谷天外作の新喜劇では飲んだくれ記者のモデルともなった。藤澤桓夫に可愛がられた。その駒井が肩幅のある身体に喪服を着て、緊張した表情で新聞を配っている。

実は司馬氏の追悼文の読売新聞掲載については、裏話がある。この文は読売が司馬氏に依頼して成ったものではない。司馬氏が港野の訃報を聞いて、自らすすんで書いた。最初、朝日新聞に電話をした。司馬氏の方から追悼文を載せて欲しい、とたのんだ。朝日の返事は、「できない」。理由は書かれている港野喜代子が無名であるからと言う。

その原稿を読売が受けた。


黒一色の人々の中で目を引いたのは、竹中郁氏の姿。喪服ではなく芥子色のブレザーを着ていた。群れの中をぬってくるのがよくわかった。

川崎彰彦さんは竹中さんの服装を見て、少しすくわれた。大阪文学学校発行の月刊誌「新文学」の編集後記で、「竹中郁さんがいつものディキシーランドのミュージシャンのようないでたちで陽気におみえになったので、ほっとした」と書いている。

川崎さんも喪服ではなかった。それも兄の名古屋大学教授寿彦氏からもらった唯一の背広上下だという。私も喪服ではなかった。私は黒っぽい背広に黒の腕章を巻いていた。

「君のは、充分黒いよ」

と川崎さんが言うので、黒の腕章を貸した。

女性では、鴨居羊子、大山昭子さんの金髪が目立った。

鴨居羊子の追悼文を読むと、「あれ」と思うことがあった。

「四月十五日でした。大阪北浜の画廊で個展をしていた私のところへ港野さんはいつもの通り、元気そうな顔で立ち寄られた」と書いている。「一杯のみながらよんでね」と贈呈してくれたという。

四月十五日というのは、港野の死んだ日である。翌十六日鴨居は感想の手紙を書いたとあるから、まず記憶違いではないだろう。

前に書いたように、私は港野と淀屋橋の交差点のところで別れた。その時横断歩道を渡る港野が、私に向かって何かを言った。それは雑踏にかき消されて聞こえなかったが、私はわかったというふうに、うなずき手を上げた。

あの時港野は、読売新聞に電話をして、清野記者がつかまれば読売に行くと言っていたが、横断歩道を渡りながら鴨居の個展のことを思い出し、そのことを言ったのではなかったろうか。「これから鴨居さんの個展に寄るわ」。北浜は目の先である。画廊の閉店時間が七時とすれば時間は充分にある。

鴨居の文章を読んで、そんな気がする。十七年を経て、港野の不明であった言葉が何であったかわかったとしても、何ということもないのだが……。

足立巻一さんが私の義父岩田久郎と話している。義父岩田、妻の父は、神宮皇学館の足立さんの二年後輩であった。

足立巻一はなぜ港野の葬儀に岩田がいるのか、と声を掛けた。

「娘の婿が、わけのわからんことを始めまして、……」「これが娘です」

と、久郎は傍にいた娘敬子を差した。

『凍り絵』を出した出版者が、岩田の娘婿であることを知った。足立はそれまでに私のことを知っていたが、偶然にも旧知の岩田久郎とつながった。

葬儀では六人が弔詞をのべた。大阪文学校校長小野十三郎、彫刻家浅野孟府、箕面美術協会会長天野長春、「箕面文芸」代表与川久子、詩人永瀬清子、東洋大学教授孝橋正一、の順で、永瀬と孝橋の間で、関西芸術座道井恵美子が港野の詩「凍り絵」を朗読した。

私は本堂の脇、白黒の幕が張られた陰のところで、葬儀をカセットテープに録音した。

小野さんは港野に語りかけるように、読んだ。

「思えば、港野さん。二十七年になる文学学校の仲間も沢山来ているが、……」「皆んなさびしそうだった」、文学学校の入学式や修了集会の時、港野はメッセージとして即興詩を朗読した。野の草花をありあわせの牛乳瓶に生けて、高らかに呼びかけた。名物の即興詩ももう聞くことができない。

「私の葬式には、港野さんがいつものように即興詩を読んでくれると思っていたのに、先立って死んでしまうなんて、あんたはせっしょうだよ」

録音テープには誰のものかすすり泣きが入っている。

彫刻家浅野孟府は独身時代の港野を知っている。

「私は彼女の十七才の時近所に、父と娘の二人住ひの生活を知ったのです」と、追悼文に書いている。が、実際は十九歳。義母が出奔し、それまで住んでいた港区八幡町から都島区東野田に転宅した。「家主さんが国田弥之輔君で、国田君の家は佐伯祐三さんの光徳寺の檀家でした」と文章は続いている。佐伯祐三の生家光徳寺は中津にある。

箕面美術協会会長天野長春氏のことを私は知らない。

「箕面文芸」代表与川久子。「箕面文芸」は港野が指導した同人雑誌で、与川宅は港野宅の何軒か坂の下にある。

孝橋正一氏は港野の死を発見した。

葬儀が始まるというのに、弔詞を予定している永瀬清子さんの到着が遅れていた。永瀬さんが箕面の急な坂道を息を切らせながら寺についたのは、誰かの弔詞の途中であった。ようやく間に合った。ほっとしたものの動悸が充分におさまるだけの時間はなかった。その息せき切った息がかえって詩を言葉をほとばしらせたのだと、永瀬さんは後で言った。急き込むような早口で、言葉が飛び出した。

いつも走り書きの手紙をよこした港野さん
いつもおどり書きの詩を読んだ港野さん
あなたの心はいつもいつもいそいでいたから
死の方へもあまりにもいそいで飛び込んでしまった。
走り書きのその手紙をよめば私はおもった。
詩を書く女は事が多いのだ。
世間の女のようには恰好をかまう事はできないのだ。

大事な事だけをとりあげて
美しい事だけを書きとめて
　あとはみんな捨ててしまおう

書き写しているのは、港野喜代子追悼号として発行された大阪文学学校発行の月刊誌「新文学」（一九七六年七月号）に、「港野喜代子よ眠れ」のタイトルで掲載されたもので、葬儀の日の朗読に手が加えられている。弔詞はもっと直接的な語りかけで始まった。

港野さん、あなたはいつもいつも走り書きの手紙をよこしました。わたしにおどり書きの詩を読んでくれました。あなたの心はいつもいつもいそいでいたから、死に方さえもあまりにもいそいで死の方へ飛び込んでいってしまいました。走り書きの手紙を読めば私は思った。詩を書く女は万事ことが多いから、世間の女のように恰好をかまう事はできないんだ、大事なことだけを考えて、美しいことだけをとりあげて、あとはみんな捨ててしまおう。

「大事なことだけを考えて、美しいことだけをとりあげて……」、永瀬さんの言葉が力強く澄んで響いた。思いと言葉が一体になって、声を超えた不思議な力で、私の中に入ってきた。以下は「新文学」掲載のもの。

おお仲間よ
私も同じだ、よくやってくれ
私の心はそう云った。そして心の中で彼女の肩を叩いた。
お互いの子供は小さく、私は百姓をしていたし、
彼女は大阪の焼けのこりの工場の中に住んでいた
ガタガタの五角形の部屋だった。
私は行って彼女のアンバランスな三角形の蚊帳の中で一緒にねた。
焼け跡には草が丈高く生いしげり、マンホールには蓋がなく
どこもかもガタガタの大阪だった。
その中で彼女は走りながら詩を書いた、
彼女はアスファルトの上で詩を書き、バスの中で詩を書き、駅の階段をのぼり降りし

て詩を書いた。
やっと箕面の崖の上に家が建ち、庭には菫と椿と桃が咲き
美しい春もつかのま
大きな手で無言で彼女を支えていた夫はあの世へ去った。
泣いてはいられない彼女の生活と詩はますますないまざり
彼女の詩はいつもいつもぶっつけ本番だった。
彼女は「スキアラバ」と書いた、
彼女は「カナワヌマデモ」と書いた、
彼女は詩のほかには「生活」を求めなかった！

そう、その通り、港野は「カナワヌマデモ」と書いたのだった。いつもぶっつけ本番だった。むずかしい理論や形式などなかった。

彼女は四人の子供をそれぞれに一人立ちさせるまで書き
彼女はやがて自然の野の花が咲くように書いた。

そして今、愛する野の花が散るように彼女は散ったのだ。
その花の散りぎわが唐突でも
きっとそれは彼女の自然なのにちがいない。
戦い終り、日がくれぬ間に死んだとしても
やはり彼女は咲ききり運命のままに力つきて死んだのにちがいない。
まれな人、詩によってのみ生きた女性《ひと》。いま
やすらかに眠り、その魂が時来ては咲きつぐ野花のように人々の間でかおることを祈るのみ、
ただ惜しむのは私がこの世を去る日、あなたが走って来て私のための詩をよんではくれないこと、そして私が逆にあなたのためにこの祈りをふかくふかく祈るのです。

全行である。葬儀の日の肉声の感動も決して忘れられるものではないが、こうして書き写していても、圧倒される。美しく力強い言葉、だけでは表せない、もっと深く大きなものが流れている。

「世間の女のようには恰好をかまう事はできないのだ」「生活と詩はますますないまざり」戦った「仲間」どうしの深い友情なのだ。

こういう比較をしては何だが、小野さんの弔詞がいささか表面的であったのに対して、女性どうしの身体的ともいえる結びつきに、感心した。男には多分生まれ得ぬものに、生理的なしたたかささえ感じた。いやこれは永瀬さんと港野の特別な結びつきであり、永瀬さんが港野に示した深い理解と友情の表現ではあるのだが……。

鶴見俊輔さんがこの場にいて、永瀬さんの詩の朗読に驚いたことを、私は後に鶴見さんから聞いた。鶴見さんは目をかがやかせて、言った。鶴見さんは詩を読んだ年輩の女性を永瀬清子と知らなかった。

「せきこんだような、つっかけをはいて先をいそいで歩いてゆくような速さで」と、鶴見さんはこの時の印象を書いている。詩を「鋳造されたばかりのメダルのように、それは、新しくかがやいていた」（『らんだむ・りいだあ』潮出版社）と表現している。

葬儀が終わり、坂道のところで、これから港野の家に寄るという永瀬さんに、私は山内宥厳さんから紹介された。

「そうですか」

と永瀬さんは言った。この時七十歳。小さな身体、肩が丸まっている。

この人のどこに、あのほとばしるような言葉の源泉が秘められているのか、と思った。


（「境涯」22号・一九九三年七月）

＊「人中の花」＝司馬遼太郎『古往今来《こおうこんらい》』に収録。一九七九年（日本書籍）、後一九八三年（中公文庫）。

人柄の稀有——港野喜代子（三）

平野謙氏の電話

「平野ですが」

という電話があったとき、電話の主があの文芸評論家の平野謙氏に違いないことが、私にわかった。

その声は管に息を吹き込んで出る、風をふるわす響き、であった。電話線を通じる声が耳に平行に届くのではなく、受話器の穴の中の底の方から、響き上がってくる声であった。

平野氏が食道ガンの手術をしたことを知っていた。

電話は事実、平野謙氏で、声帯のない喉を使って、自身で電話をかけてこられたのだ。用件は「新文学」を読んで港野喜代子という人に興味を持ち、詩集『凍り絵』を送って欲しい、と言うことであった。

「新文学」（大阪文学学校発行）一九七六年七月号は「港野喜代子——人と作品」を特集した。「新文学」の頁数は月によってまちまちだが、この号は厚い九十六頁で全部を「港野喜代子追悼」にさいている。執筆者・内容を含めてこれだけの充実した追悼号は、「新文学」の前にも、その後、誌名を「文学学校」「樹林」と変えた現在までもない。港野喜代子が大阪文学学校にいかに深くかかわったかを思い起こす。

その平野謙氏が、翌年の「新潮」に連載した「随時随感」の（二）で、次のように書いた。

ここで私のいいたいことは、昨年いろいろ読んだ追悼号のなかで、いちばん傑作と思えた《新文学》昭和五十一年七月号の「港野喜代子——人と作品」という特集についてである。（略）私にとって港野喜代子という女流詩人は、それまで見たことも聞いたこともないアカの他人にすぎなかった。

平野謙氏の、「港野喜代子追悼号」あるいは、そのように追悼される港野喜代子への興味は、一通りではなかったのである。

収録された略年譜から、港野喜代子がどういう人物であったかをまず紹介し、追悼号の内容を詳しく書く。

《新文学》特集は未発表の詩、略年譜、追悼座談会、最後の詩集『凍り絵』の批評、哀悼の詩二篇、追悼文三十篇などが主要な内容。追悼の筆者も発言者も、ほとんど私にはなじみのない人ばかりだ。しかも私には巻を措くあたわずという気がした。

付け加えると、追悼座談会の出席者は、右原尨、織田喜久子、小野十三郎、倉橋健一、滝本明、三井葉子、司会は、編集長・川崎彰彦。『凍り絵』の批評は、たなかよしゆき、哀悼の詩は、芝充世、金時鐘、青木はるみ、永瀬清子で二篇ではなく四篇。

追悼文の執筆者は、司馬遼太郎、赤尾兜子、浅野孟府、足立巻一、井上俊夫、大西咲子、大山昭子、岡部伊都子、奥田継夫、奥田光男、鴨居羊子、涸沢純平、孝橋正一、佐多稲子、杉山平一、竹中郁、津高和一、富岡多恵子、布村寛、野口豊子、灰谷健次郎、長谷川龍生、浜田知章、日高てる、廣橋延子、丸木俊、桃井忠一、森上多郎、梁雅子、山内宥厳、山本安英、である。(司馬氏は読売新聞「人中の花」の再録)

平野氏は、次に追悼文の中から、杉山平一、布村寛、井上俊夫、の文章をとりあげ、

こういう歯に衣きせぬみたいな挿話ばかりならべると、大阪のある文学グループのなかに占める港野喜代子の椅子が、あまり重んぜられていないかに思われるかもしれないが、彼女に対する人間的親愛感が、まずこういう表現をとらせた、といえぬこともない。

と書く。杉山平一氏は「こんなデリカシーのない人間に、詩なんて書けるものだろうか」と思ったということ、布村氏が、喫茶店で走り書きの港野の詩稿をもらう時、軽々しく思ったということ、井上俊夫氏が、港野の即興詩の朗読を生理的に気持悪いと書いていること、を指している。

以上、連載「随時随感（二）」で書いた後、翌月（三）でも、さらに港野喜代子をとり上げる。

前号の《新文学》港野喜代子追悼号をめぐって、もうすこし書きそえておきたい。

として、梁雅子、廣橋延子、の追悼文にふれ、

そういう港野喜代子の人柄を物語るさまざまな逸話は、私のようなアカの他人まで惹きつけずにはおかない。

と書き、続けて、座談会にふれる。

《新文学》追悼号で、私のいちばん感服したのは、その追悼座談会において、詩人港野喜代子を論ずる出席者の態度が、意外といってもいいほどきびしい点だった。おそらくこれは小野十三郎のリベラルなありかたがおのずともたらしたサークル全体の文学的な

立場なのだろうが、死者といえども、その詩の価値という段になれば、誰もお座なりをいわないという点が、私にはたいへんさわやかに感ぜられた。《新文学》追悼号が私に強い印象を与えたのも、主としてその点にかかっている。

平野氏の書くように、この追悼座談会は、出席者の人々が、港野の詩や仕事、人柄について、歯に衣をきせることなく素直に思うところを述べている。良いところにも問題のあるところにも、港野の全体に目が向けられている。追悼号という性格からすれば、もう少しほめたたえてもいいのではないか、と思うが、見事に、さわやかに率直である。それは平野氏が先にあげた、布村寛や井上俊夫の文章にも共通する。

井上俊夫氏にいたっては、港野の即興詩が、「爬虫類に身体をさわられるようないやな気分になる」とまで書いているのである。

人々の率直さ忌憚のなさ、は何なのか。小野十三郎のリベラルなありかたがもたらしたもの、ひいてはこの時期の大阪文学学校にあった雰囲気、出席者の顔ぶれによるところも大きい。が何よりそれは港野の人格を反映したものではなかったかと思う。

司馬遼太郎氏の言う、「彼女は死ぬとか生きるというなまな次元の人では決してないというふしぎな迷信が私を支配していた……」「彼女の人称代名詞は老若たれに対しても『うち、あんた』という平等の言葉以外つかわず……」（「人中の花」）、杉山平一氏が「こんなデリカシーのない人間に、詩なんて書けるものだろうか……」と書いた後、港野の無邪気風な気づかい、「わる気の少しもない純真さを知ると、その人柄の稀有にうたれることになる」という、「人柄の稀有」によるものであるに違いない。

「中央に聞こえることすくなく大阪の街だけの詩人だったこの人の生涯」（「人中の花」）が、「新文学・港野喜代子――人と作品」で、東京の文芸評論家、アカの他人の平野謙氏に強い印象を与え、平野氏がさらに連載（四）でも、永瀬清子と港野についてふれ綿々と書いたことは、私にとって驚きであり感銘であった。

大阪文学学校の記録すべき「新文学」一九七六年七月号は、編集長であった川崎彰彦氏の最後の仕事となった。

「この号はまさに吸い寄せられるがごとくにして原稿が集まってきたのである。港野さんは最後に一仕事、名編集者ぶりを発揮して行った。」

川崎氏の編集後記である。

川崎彰彦氏は、早稲田大学露文科を卒業、北海道新聞函館支局に十年間勤務した後、大阪文学学校事務局に入り、約十年間の勤務を終えた。

海の聖家族

もう少し、港野喜代子さんについて書いておきたい。

港野喜代子は、一九一三（大正二）年三月二十五日、兵庫県須磨（現神戸市垂水区舞子）に、父坂本宗平、母くすの長女として生まれた。

父は、司馬氏の「人中の花」の中にあるように、外国航路・日本郵船の司厨長であった。兄弟は、四歳下の妹と二人姉妹。五歳の時、大阪市西区北三軒家に移る。母くすは病弱で、喜代子十歳の時、三十四歳で亡くなる。妹は伯父の養女となった。

十三歳のとき父が再婚。大阪市港区八幡町（築港）に転居する。船員の多いところである。義母まつは船員下宿をはじめた。

港野は、よく私に、

「かわいそ物語はきらいだ」

と言った。不幸な子供を主人公にするそれまでの児童文学の系譜をきらったのである。

港野に「新品のお母さん」という児童小説がある。新品のお母さん、とは、父宗平が再婚した義母まつ、のことである。

作品は、主人公小学五年生の幸田ふき子が、みかん箱に千代紙を貼って、死んだ「お母ちゃん」の部屋を作るところから始まる。お母ちゃんの写真をかざり、まわりに自分の大事にしている毛糸の人形や動物たちを入れ、お母ちゃんに話しかけて学校へ行くのである。

ふき子は生活表をつくっている。

五時三十分に起き、午後十時に寝る。「パッと起き、服をきる、床をあげる、顔を洗う、かみとかす（七分間）」、次には自分で「ごはんたき、お汁つくり、つけもの、べんとう（おとうさんの）四十三分間」をつくる。あとかたづけもし、掃除をし、八時に登校。遅刻はなく、学校ではうさぎとメジロの当番をし、下校時には道草をせず帰ると、洗濯、つづくり、市場へ買い物に行き、夕食を作る。夕食のあとは新聞を読み、勉強をする。日記もつけ、学校図書もよみ、風呂に入る。風呂がない時は手足を洗い、さっさとねる。

これが小学五年生、幸田ふき子の生活表で、実行できた場合はマルを付ける。「十月十一月みんなマルばかりだった。」しかし一つだけペケが続く、「さっさとねる」が守れないのである。酒のみのお父さんが酔っぱらって夜遅く帰ってくる。そんな親子二人ぐらしの中に、「新品のお母さん」がやってくる。写真のお母さんに比べ強くてたくましいお母さん。だがお父さんのお酒はやまらない。新しいお母さんとけんかの毎日、あげくの果て、お父さんは胃から血を吐いて入院する。ところで物語は終わる。

ふき子はそんな境遇にありながらも、けなげで明るい。文章もじめじめしていない。からっとしている。だがこれは、「かわいそ物語」ではないか。ふき子が明るくけなげであればあるほど、かわいそう、である。


港野が十二歳で入学した府立市岡高等女学校の一学年上に、梁雅子（作家・随筆家）がいた。港野は梁たちのバスケット部の練習をいつも見ていた。練習が終わって帰る梁にさそわれて家に遊びに行くこともあった。

橋を渡ればすぐ吾家なので私達は家へ帰ってお菓子をたべたりしてゆっくりする。

「あの小さい子可愛らしいな、それにしっかりしている」

と父が云った。


梁の「思い出」である。この文章から推察して港野がバスケット部の練習をいつも見ていたのは、家に帰りたくなかったのに違いない。

幸田ふき子に見る、けなげに明るく、がそのまま港野喜代子の実人生であった。


新品のお母さんも酒のみのお父さんに業を煮やしたのか、港野十九歳の時、出奔する。父と共に東野田六(現都島区)に転居、二年後(一九三四)、喜代子二十一歳の時、父宗平が脳溢血で亡くなる。その年、港野藤吉と結婚し、港野喜代子となった。

長男久衛、長女あゆ、次女千穂、次男尚武が誕生。家庭・家族にめぐまれなかった港野が自分の家庭・家族を持った。一九四五(昭和二十)年四月、夫の郷里京都府舞鶴市西神崎に子供たちを連れ疎開。以後五年間の疎開生活を送る。

夫藤吉は機械設計技師で、大阪市西成区出城の工場に勤めていた。久衛の中学入学を機に疎開生活を切り上げ、西成の工場の二階に住む。

一九五七（昭和三十二）年、港野四十四歳の時に、箕面市箕面四二六、坂の上に平屋の小さな家を持って移り住んだ。前年に夫の勤務した大阪プレス製作所が倒産。夫は自宅で機械設計の仕事をした。

私が後年、港野の箕面の家に行った時、小さな紙箱を見せてもらった。箱の中には硬質の芯のチビた鉛筆が何本も入っていた。夫の形見であった。

夫藤吉が亡くなったのは一九六二（昭和三十七）年、五十三歳、喜代子、四十九歳の時であった。

私が港野に初めて会ったのは、御主人が亡くなった四年後の一九六六（昭和四十一）年のことであった。港野はこの年の一月から、月刊幼児教育雑誌「ママのほん（後改題リード）」に、「みにやん」というねこの童話の連載をはじめた。

私は十九歳の春、「ママのほん」編集部に就職したのだ。先に「新文学」追悼号で出てきた布村寛氏が編集長であった。この時、男性私一人、女性三人が新聞広告の募集で採用された。布村氏の面接で芥川賞を受賞した柴田翔『されどわれらが日々』について話したことを覚えている。この布村氏も、今年（一九九四）五月亡くなった。六十二歳だった。

私が港野を知ったのは彼女が五十三歳の時だったが、すでに港野は忙しい人だった。箕面・梅田間の阪急電車定期券を持って毎日、大阪に通っていた。文学学校や婦人団体の集まりや社会運動の集まりや、画家の展覧会、マスコミ関係の仕事、さまざまな講師講演など、あらゆる文化活動にかかわっていた。

司馬氏の言う、大阪の街の集まりには必ず港野の姿あり、であった。

布村氏は喫茶店で忙しい港野から原稿をもらった。「サンドイッチをつまみながら走り書き」し、「さあ、いいのんできたよ」と渡されるのを、「詩ともなれば少しは四苦八苦して作ってほしいものだが」とは、先に平野謙氏があげているところなのだが、長女のあゆさんの話によると、出るまえにさんざん書きつぶし、時間が来たので阪急電車に跳び乗るのだという。家で四苦八苦しているのだと。

原稿は私ももらった。喫茶店はOSシネラマの隣、交差点を見下ろす二階のOSパーラーであった。コーヒーとサンドイッチをとる。サンドイッチが港野の食事であった。港野が家で焼いてきたというクッキーをもらったこともあった。田舎から出てきたばかりの私は、家で自分で菓子を作れることにびっくりした。都会の女性《ひと》は違うと思った。

港野はおしゃれ、でもあった。特に青や紺系の服を好んだ。「娘のを借りてきたん」と丈の長いコートを着ていたことがあった。よく似合っていた。スカーフも好きだった。小柄で色白であった。

港野は誰にもゆるがされない独自の見解を持っていた。阪急百貨店コンコースの小鳥の鳴き声に抗議したことは前にも書いた。

ある法案に対する国会陳情団の、港野とともに大阪代表になった男性が出席できなくなり、急遽私が頭数でお供をしたことがあった。

大阪代表として港野が発言した。私は聞いていて発言として弱いのではないかと思った。法に対するからにはもっと理論的でなければ通用しないのではないか。港野の「詩人として」は、あまりに感覚的であった。だが本当は理屈でなく、感覚で正悪を分けるのである。感覚で先取りする。自分のすべてを感覚として働かせ、かぎ取ってゆくのは、むしろ「詩人」の態度としてふさわしいのではないか。だが港野のいささか手づかみ、が新鮮で鋭い場合もあれば、上すべりの印象を与える場合もあった。

梅田で、子供をバギーという名の手押し車に乗せて歩いていたら、ばったり港野に会った。

「あんたらあ、子供の身にもなってやらんとあかんよ」

私たち夫婦に、雑踏の地面はほこりが舞い上がっているから、バギーに乗せられた子供はまともにほこりを吸ってしまう、と意見するのである。

電車で席をゆずらない若者たちに、「あんたら、あかんやないの」と、あっけらかんとした憎めない調子で意見をするのも日常であった。今でも、ここに港野がいたら、と想像することがある。

これも梅田で見たことだが、港野が靴屋を何軒も回っているのに出くわしたことがあった。ちょっとフンパツして、自分の足に合った、よく歩いても疲れの少ない、それでいておしゃれな靴をさがしていたのである。そんな靴はなかなかないのだという。

何軒も見て回る。ある店では若い女子店員に、これでもないあれでもない、と何足も出させてはいている。ついには選ぶのだが、徹底した態度におそれ入った。普通、何人もの店員をわずらわせれば、途中で気持もへこたれて、ほどほどのところで妥協してしまうのではないか。並みではなかった。

これは永瀬清子さんが書いていることだが、深尾須磨子の一周忌に出た。港野にそっと「いくら包んで来た?」と聞いた。港野は「私のお供えは、これ」といって菫の花を見せ、「私は追悼詩も読むよってに」と臆せず応えたというのである。

港野は自分の価値判断を持ち、他人の意見や世間の常識といったものでおおいかくさず、自分の考えと言葉で堂々と態度を示した。だが追悼文にあったように、うるさいオバはん、港野のおせっかい、と思われる向きもあった。

「どこにでも港野はいた」のを、こんなところまででしゃばって、と陰口をたたかれることもあった。

だが港野は勝手に押しかけたわけではない。呼ばれて出て来たのである。

即興詩にしてもそうである。箕面の庭や裏山から摘んできた野の草花を、ありあわせの瓶に活けて始める。即興と言ってもその場で出てきたわけではない、長女あゆさんによれば、家で書き電車の中でなおし、しながら会場に着いたのだ。即興風であったのだ。

港野にとって即興詩は詩の花束であり、なにより詩人としてのプレゼントであり、メッセージであった。もっとも詩人としてふさわしいことなのだと思っていた。

井上俊夫氏のように「精神の安定をうしなってしまう」という人もあるにはあったが、会場の花として、港野名物を人々は期待したのである。

「彼女はいつも街にいた」「大阪の街だけの詩人だった」と司馬氏が書いているように、

港野は私にとっても「大阪の街の詩人」の強いイメージがあった。が私は二十年振りの出版となった、『凍り絵』をまとめて、意外な港野の世界を知った。
そこには、思いもかけず、海があった。

毎年の八月十五日を
若狭の国の　ここにきて
きつい潮鳴りを　きいていると
私は　身のおきどころがない
戦争は遠く遠くに退いた顔をしているが
あなたの墓も　その囲りの墓も
まだ戦争のつづきなのだ

（「海の盆」）

「若狭の国」というのは、正しくは丹後で、京都府舞鶴市神崎のことである。天然記念物オオミズナギ鳥が棲息する冠島を海上はるか正面に見る海辺の小さな村落である。由良川の河口、東岸の砂州で、川をはさんで西岸は山椒太夫で知られる由良。さらに海岸を西へ行くと、宮津・天の橋立の深い入江に至るところである。
砂州の海岸が今は海水浴場としてにぎわう。八月十五日、港野は夫の墓参りに来た。ここは港野の夫の故郷で、港野が子供四人を連れて昭和二十年四月から、昭和二十五年四月まで疎開生活を送ったところである。

六文銭いれた頭陀袋に
手甲に　脚絆に　すげ笠にわらじ
白い杖まで　つつましい旅支度一式
自分の手で調えた婆さまの旅立ち

（「棺とぶ日」）

港野は疎開後も、夫の墓参りや親戚の婆さまの葬儀にと、神崎へ行っていたのだ。この詩の初めの但し書きに「宇宙船ボストーク第一号の世界ニュースの日、春寒い村で私たちは昔ながらの埋葬式を行っていたのです」とあげている。村の時間はとまっていて、港野の疎開生活がそこにあり、「まだ戦争のつづき」なのだった。墓参りに行ったのは何も盆ばかりではない。夫と話しがしたかった。

雪の吹きつのる日、夫の墓に向かう。

雪被りの墓石の肩を抱いて
ひとときでもいいから　私は
生きている話がしたかった
――飢えたのは
そんな昔ではない
凍えたのは　そんなに
遠い遠い話ではない
流れ弾丸が　干し物を射ぬき
この浜辺の殺気も死の形相も
そんなに遥かな昔の物語りではない――

（「雪の墓は」）

墓地は、海岸の松林の影にあって、「海と墓地を区切る砂丘は／鉄条網でからみ合うて／うごめく列のかたちに／棒杭の林がつづいた」（「雪の墓は」）。

その墓を囲む棒杭の列も、「背中をまるめて　首たれて／風の軍勢に敗けきっていた」のだ。

関西に生れ、関西に育った港野喜代子にとって、戦争中に疎開した良人の生れ育った北国の海辺は、全く異質の環境だったらしく、のちのちまで強い印象を与えずにおかなかったようだ。

詩集『凍り絵』を読んだ後の、平野謙氏の文章である。『凍り絵』の中では、「北国の海辺」を書いたものはさほど多くはないが、港野が「異質の環境」に「のちのちまで強い印象」を受けたことを平野氏は鋭く指摘している。

港野喜代子の追悼文を読むと、女丈夫とまではいわないにしても、陽気なオバハンというような印象は拭いがたく、そういう印象の一部には彼女の特技ともいうべき即興詩のオクメンもない影響も、多少は加わっていたかもしれない。しかし、詩集『凍り絵』にはそういう即興詩的な思いつきのものはほとんどなく、本格的な詩との格闘が一貫していて、(略)、私は敬意を表せずにいられなかった。

詩との格闘、とは、まさに港野を言い得ている。

その格闘の一生の証が、亡くなる直前の出版となってしまった『凍り絵』を含む三冊の詩集だけでは港野もうかばれないだろう、と私は思って、『港野喜代子選集』の出版を計画した。

まず元大阪文学学校事務局員の野口豊子さんに、港野宅に残された作品の整理をしてもらうところからはじめた。

作品は三つに分かれた。詩と児童文学と随筆・評論である。

編集委員に、小野十三郎、永瀬清子、上野瞭の三氏になっていただいた。

詩は既刊詩集『紙芝居』『魚のことば』『凍り絵』に、未収録の詩を永瀬さんに選んでもらい一章とした。

児童文学は上野瞭さんに選んでもらった。上野さんは、一九五四(昭和二十九)年に創刊した児童文学同人誌「馬車」の同人仲間で、他に岩本敏男、鴨原一穂らがいた。その時上野さんはまだ学生だった。港野に破れた学生服のつづくろいをしてもらったと書いている。

港野は、「馬車」以前、一九四七（昭和二十二）年、児童文学同人誌「ポプラ」を今西祐行、鈴木隆、三輪隆と創刊している。児童文学の人でもあったのだ。

上野氏は『港野選集』の解説の中で、先にあげた「新品のお母さん」の前作ともいえる「ポプラ」三号に発表した「樹に登る少女」について、

貧しい家庭に育ったひとりの少女を主人公にして、その生活ぶりを活写したものである。いわゆる「貧乏童話」という言葉がそののち生まれるが、（これは、貧しい少年少女を主人公にして、社会の不合理性や矛盾を指摘する図式的作品への呼称だが）港野さんの書いたその作品は、そうした図式的作品とはまったく違ったものだった。社会の歪みを指摘するために「貧しさ」を描こうとするのではなく、崩れそうな家庭の中で、ただひたすら、歯をくいしばって生きようとする人間そのものを描くといえばよいか、それは百の説法よりももっと強く、わたしたちの在り方を考えさせるものを含んでいた。

さらに続けると、

わたしは、これにひどく感動し、はじめて「戦後」を反映した児童文学作品に出合ったように感じた。いってみれば敗戦直後のその時点（昭和二十二年）で、商業雑誌にのった大半の「童話」は、「民主主義」の「布教師」の役目を果すことに急で、人間も、人間の葛藤も、まったく描いていなかったのだといえる。

と書いている。改作「新品のお母さん」は、一九五五（昭和三十）年「馬車」三号に発表している。「貧乏童話」を、港野は「かわいそ物語」と言った。

評論・エッセイも、永瀬さんに選んでもらった。割付、校正は今は永瀬さん主宰の詩誌「黄薔薇」の同人となっている木沢豊さんに手伝ってもらった。

小野十三郎さんには全体の監修をお願いし、帯文を書いてもらった。

『選集』編集の中で、私は港野の伝説ともなっていた第一詩集『紙芝居』と第二詩集『魚のことば』を初めて読んだ。『紙芝居』は港野の手元にも一冊も残っていなくて、桃井忠一氏から「とりもどした」と港野が言った署名入りの一冊だった。桃井忠一氏は港野と「山河」同人仲間であった。

『紙芝居』は、序文が池田克己、跋・小野十三郎、表紙絵・赤松スマ、口絵港野肖像・赤松俊子（丸木俊）、題字・緒方昇の、並製本、一一八頁、発行は爐書房、発行者は辻研となっている。

私は『紙芝居』を読んで強い衝撃を受けた。言葉はいささか粗く手づかみの感があり、理解しにくいところもある。だが生活を題材にしながら単なる抒情ではない力のある言葉、生活そのものの感懐を書くのではない、飛躍のある発想とイメージが独自な詩を作っている。『凍り絵』にはみられなかった新鮮さ、力づよさに、うたれた。白波立つ海のように、松林に吹きつのる雪まじりの風のように。「異質の環境」海岸の村、そのものがあったのである。

みぢかい生活《くらし》の途中の私が
雪含む風の騒ぐ
由良川のほとりで洗濯していた

永遠《なが》い旅の途中のキリストが
通りがかりに衣を脱いで
私にそれを濯げといわれた

私のうちなる汚れ物と一緒にして
キリストの衣を
石積みに踏み揉んで洗う間
キリストは
枯草を燃やしつつ
鳶色のお鬚の顔をかがやかせて
美しい、おかしい、不思議な物語りを
たくさん聞かせて下さつた

（「キリストと」）

『紙芝居』の最初の詩である。由良川で旅の途中のキリストに出逢うという発想に驚いた。川の洗濯石で踏み洗う港野の傍に、「異質の環境」での生活をいやすように、キリストが自然に立っている。「みぢかい生活《くらし》の途中の私」「永遠《なが》い旅の途中のキリスト」……。私はなぜか涙があふれてしかたがなかった。この詩に表れる至福が、私をも包んだのかもしれない。

殺気立つている荒波
意地張つている濁流

河はごうごう波の足を押し倒し
海はおどり込んで河を噛みくだく

（略）

偽りのある者ここに出でよ
絶え果てるか、耐え忍ぶかだ
この底を幾度もくぐり遡る者出でよ
ここでは素直と言う甘やぎも許さないぞ
女よ阿呆であれ狂うはならず

その蚊帳しぶきに濡らさぬ内に今日は帰れ　　（「蚊帳洗う日」）

港野の代表作としてあげられる「蚊帳洗う日」である。海の荒れる日、「このような日とは知らず」に、「萎えた蚊帳」を洗いに来た。これだけの引用では不充分だが、ごうごうと荒れる海に向かって、一足も引かず、言葉を放っているのはわかる。抱えている蚊帳はくたびれてたためないほどになった代物である。小柄な町者《まちもん》の港野と四人の子供たちの生活を容赦なく蹴散らし、呑み込んでしまう、河と海。

終戦の夏は炎天が続き、土地は乾きに乾き、「貧しい砂丘畑に植えこんだサツマイモは、植えた時よりもちぢかんでしまっていた」。恵まれた疎開生活などないだろうが、この神崎は河口の耕地の少ない、それも砂地の多いやせた土地柄だった。

ここは、米もとれない砂地畑ばかりの土地ですから、生活がたいへんで、舞鶴や宮津へ勤労に出ながら、男も女も、老いも若いも、山仕事、畑仕事、蚕仕事などにと、めちゃくちゃによく働くところなのです。哀しいまでに美しい風景のなかで、人々は、ただ、来る日も、来る日も、働きつめます。私が、この土地で暮した数年間は、終戦前後の、あの窮乏時代でしたから、私も土地の人々に決して負けず劣らずに、暗い内から霧が走る中を、山に行き、浜に行き、砂丘畑をかけまわって働きました。(「鳥になる木ぎれ」)

この間まで都会の勤め人の主婦だった人が、村人に負けず劣らずに、働いた。村の仕事はすべてが重労働である。実りの薄い砂地畑。朝に種をまいても夕方には波が流してしまう畑を耕し、種をまき続ける。

台風のあと海岸に打ち寄せられた流木を拾う。十月の冷たい海水を胸まで浴びながら木を集め、何日もかかって家に運ぶ。「とてもはげしい重労働だった」と港野は書いている。

村には共同作業があり、三―キロを越す草束や薪を山から運ぶ。慣れない仕事に、人の倍ほどもかかって刈った草をようやく束ね、山の斜面を転がすと、束はばらばらに飛び散ってしまった。夕方の山道で、炭の大俵を背負ったまま、すべり落ちたこともあった。

さまざまな悪戦苦闘を繰り返すうちに、来る春ごとに草刈りも熟練して「無感動さにも似た一種の骨っぷしのようなものが」小柄で色白だった港野の身体にできてくる。

だが疎開の二年目の夏に港野は倒れ、宮津市の病院に約一カ月入院する。過労と栄養失調であった。

この入院生活が港野の文学的出発であったと、娘のあゆさんは証言する。入院でできた自分の時間ではじめて詩や童話を書きはじめた。

年譜をたどると、それまでに港野が、詩や童話を書き発表した形跡はない。市岡高女の時、〝芹花女〟という筆名で俳句を習作したことがあったらしいが、それ以上自分の作品を書くことはなかった。

田舎の夜は早い。子供たちはいつも空き腹である。蔵を住まいとする疎開生活である。せめて心だけでも豊かにと、港野は子供たちに毎晩、宮沢賢治や小川未明などの童話を読んで聞かせた。自分で紙芝居を作って観せた。

子供たちにも詩や絵を書かせた。子供の詩を京都の「子ども詩の国」に投稿し、編集人鴫原一穂を知った。自分の詩や童話も投稿するようになる。

港野喜代子の詩が初めて雑誌に掲載されるのは、入院の翌年一九四八（昭和二十三）年一月である。「日本未来派」七号に「鍋一つ」が掲載された。この詩は『紙芝居』には収録されなかった。

わが家のフライパン

すんなりと伸びた柄の先に
指の強さを確かめて
輪になる鍋の底
この日ごろ油乏しく
色艶はなけれども
熱き湯をジュッと鳴らし
心ゆくまで拭きこみて
太古の赭鏡の如く
重き光に充ち足り
きょうひと日この鍋に頼りて
雑雑の糧を創意に温む
明日のマナを信じ
つつましくもあるか
鉄《かね》うすき鍋一つ

（「鍋一つ」）

永瀬清子さんは、この詩のことをよく覚えていて、『選集』の「未刊行詩集」の最初に収録した。

「日本未来派」は、一九四七（昭和二十二）年、小野十三郎、菊岡久利、緒方昇、池田克己らによって創刊された。当時は月刊の詩誌であった。

港野の詩が「日本未来派」に載ったのは、緒方昇氏の推薦によった。緒方は、兄が港野の市岡高女時代、港区の家に下宿をし、昇自身も一時同居して以来のつながりがあった。私は港野の話を聞くために、東京鷺宮の緒方宅を一度訪ねた。

以後、港野の創作活動は、せきを切ったように旺盛である。港野の言葉を借りれば、紙つぶてを投げ続けた。詩の格闘を続けた。

一九五〇（昭和二十五）年四月、長男久衛の中学進学を機に神崎を引き上げ、夫の勤務先、大阪市西成区出城通四―六、焼け跡の工場の二階に転居。

焼け跡には草がぼうぼうと茂り、マンホールには蓋がなく、部屋はガタガタの五角形で、三角形の蚊帳を吊った、と永瀬が書くところである。蚊帳は由良川で洗った「萎えた蚊帳」であったに違いない。

第一詩集『紙芝居』が発行されたのは、帰阪二年後の一九五二（昭和二十七）年八月であったが、作品はほとんどが疎開生活の中から生まれたものであった。神崎で書いたもの、疎開生活を題材にしたものである。

池田克己の序文にあるように「まつとうな主婦の生活から邪気なく、てらいなく吐き出された港野さんのような詩は、いまこの国で類多しとすることは出来ない」「詩のみづみづしさと豊かさに眼をみはつた」と、反響を呼んだ。

女性が詩を書くことがまだ珍しかった時代。永瀬さんの言葉を借りると、詩なぞ書くのは、「後家か不良少女か」が通り相場であったという時代の名残の「まつとうな主婦」の詩集であったのだ。

さらに二年後には、第二詩集『魚のことば』(一九五五)を発行。だがこの詩集は『紙芝居』の好評に気を良くして急いで出したのか、比べて荒っぽい。『魚のことば』でも、約半分は疎開生活を書いている。それから二十年後の『凍り絵』にも、平野氏が指摘するように、北国の海辺が強い印象として表れているのだ。

港野の作品を見渡してわかるのは、五年間の舞鶴神崎での疎開生活とその後の西成区出城の焼け跡の工場で暮らした時代の体験が、源泉となっていることである。

箕面の坂の上の家に移り住んでも、港野は二つの源泉を引いて、詩との格闘を続けた。

「戦争のつづき」なのだと書いた。二十年振りの詩集『凍り絵』のあとがきで、「平和への願い一途です」と書いた。港野の場合、ほんとうにそうだったのだと思う。

「貧しい思考の方法としての、私などの詩がどのように通用するかどうか」(『凍り絵』「あとがき」)という初《うぶ》な気持は、『紙芝居』の初心をつないでいたのだと思う。

最後にもう一つ。

港野の詩のなかに表れる家族、子供たちである。

今借りてきたばかりの紙幣《おさつ》に
せめて星がすかしを入れて
霧が脱脂をしてくれるまでは家に入るまいと
わたしは家の前の畑の暗がりに立つていました

小さいのが「お母ちやんは?」
大きいのが「帰るにきまつている」
安心し切つて灯りの穴んこに浮んでいる子供達

わたしは、天の灯りでもう一度紙幣をかぞへて
家の灯りへ入りました

（「紙幣《おさつ》」全行）

この詩は、『魚のことば』に収録されているが、あきらかに神崎の疎開の蔵の家の一夜を書いたものだ。空は満点の星空であったろう。

病床にある時、子供が、千両、万両の実、りゅうのひげをとってきて、「お母ちゃんにみなあげるんだ／うん、今年から／お母ちゃんも強くなれるよ」（「せんりょうの実」『魚のことば』）という詩もある。家族を守り、家族に守られていた。家族と詩がいっしょのところにあった。

自分の子供だけでなく、「日が暮れる／子どもたちよ／おおいそぎで／海をたたんで／ポケットに入れて／雲も巻き巻きにして／頭にのせて歌いつつ／早く帰っておいで」（「街角の詩展／海をたたんで」『凍り絵』）と、他《よそ》の子もいっしょに守ろうとした。

『港野喜代子選集――詩・童話・エッセイ』は、一九八一（昭和五十六）年九月七日に

発行された。『凍り絵』から五年後である。A五判・函装・七二八頁。編集工房ノアはじめての大冊であった。装幀は、グラフィックデザイナーである次女の千穂さんがした。

私は、港野の文章の中から、

「私には切れ切れの時間の、切れ切れの思い、切れ切れの詩しかなく、徒労を恐れては何もできなかった」

を、帯文に使った。


（「境涯」23号・一九九五年十一月）

II

黒瀬勝巳への訣れ

ともあれ　この歯がからだのなかで
いちばん硬いとは　うれしいことだ
……
ひとは　その歯において
ひとと訣れてきたのじゃないだろうか

（『ラムネの日から』「歯」部分）

私は日曜日の昼近く、繁華街の外の見渡せる喫茶室にいて、雨が降り始める時を見ていた。喫茶室からは丁度横断歩道が見え、信号の変化によって人と車が動く様が見えた。一人の男が頭に新聞紙を被り小走りに駆けて行く。一つ二つ、女たちの傘の数が増えていく。降っているのかいないのか建物の色の中にかき消えて見定め難いような雨が、次第に脚を強めて風景を覆っていく。そうした雨の降り始めに合わせてものの動く情景をぼんやりと眺めながら、私はいつだってガラス越しでしか風景を見つめていなかったのではないか、という思いがあった。この次第に激しくなる雨の中、黒瀬はどこをほっつき歩いているのかと思った。黒瀬が失踪して二晩が明けていた。

私が黒瀬勝巳の失踪をその日のうちに知ったのは偶然と言ってよかった。私は出版のことで、依頼のあったある人の本を出すべきかどうか、黒瀬の意見を聞きたくて彼の会社に電話をした。

黒瀬は私と同じように出版編集の仕事に携わっていて、私のところから『ラムネの日から』(一九七八〈昭和五十三〉年)という詩集を出していた。見よう見真似で出版社を始めた私にとって、黒瀬は唯一同業者としての友達でもあった。

「編集者として……」ということを黒瀬は口にすることがあった。私は「編集者なんて何ほどのこともない」と言った。彼はプライドを持っていた。

依頼のあった本のことはことわろうと思っていた、黒瀬もやめとけというだろう。報告と確認を彼の言葉に求めた。仕事場の電話は留守番電話だった。黒瀬が新しく移った会社が思ったより小さいことを初めて知った。失踪の前日のことであった。

翌日、会社に電話をかけなおすと、女性が出て、黒瀬は二日前から休んでいる、という。どうしたのかと聞くと、腰を痛めている、椎間板ヘルニアの疑いがあって入院が必要かも知れないらしいのです、という。

すぐに黒瀬の家に電話をしたが、誰も出なかった。夜、電話すると女の子が出た。娘の葉子のはずである。

「葉子ちゃんでしょ、何年生になった」

聞くと小学三年生になったという。黒瀬は娘の名前を、漫画『あしたのジョー』のヒロイン、白石葉子からとったと言った。私たちは幻想の女性としての白石葉子について語り合うことがあった。

「お母さん、警察に行った」

父親が夜になっても帰ってこないので、母親が警察に行ったのだという。

「お父さん、腰が悪いんやて、葉子ちゃん知ってた」

「お父さん、前から、腰痛い、腰痛い、いうてた」

私は私の名前を何度か言い、紙に書きとらせた。葉子に復誦させた。その夜、黒瀬からの電話はなかった。

翌朝、黒瀬夫人から私のところに電話があった。昨日の朝、黒瀬が「ちょっと散歩に出てくる」といって単車で家を出たきり帰ってこないので、昨夜警察に捜査願いを出しに行った、それも公開捜査にしたのだ、という。

「ひとりで放っておけないような状態だったものですから、会社を休んだ前の二日間は、どこへ行くのも私がついて行ったのですが、昨日の朝は、少し元気そうだったので、何気なく一人で出してしまったのです」

私は黒瀬の状態を何も知らなかった。夫人は心あたりには電話した、待つしかないことを言った。

「五〇パー、五〇パーだと思います」

「五〇パー、五〇パーとは」

「生きているか、いないか……」

〝急な〟と私は思った。夫人にそこまで言わせるものを推し測った。その日の午後にも電話をしたが、依然として黒瀬からの連絡は入っていなかった。

私たちの年代はどういうものかと思うことがあった。私は何を負って生きているのかと思うことがあった。私はこの三十五年間、何をして生きてきたのか、と思うことがあった。黒瀬、昭和二十年生まれ、三十六歳。私、二十一年生まれ、三十五歳。

もちろん戦争を体験した訳ではない。しかし、生い立ちの中で戦争の残骸はいたるところにあった。戦後そのものを生きてきたのである。戦無派ではない。父母がいかに子供たちを守ってきたか、貧しさもそれなりに体験してきたつもりである。しかし生活の実像＝即自分という枠からは少しずれてしまっているような、常に中途半端な感覚がつきまとうのだ。黒瀬はどうだったろうか。彼は自分は生活者としては失格だ、ということを語っていたという。

黒瀬が失踪した翌日、私は映画『泥の河』を観た。年に一回、映画を観るか観ないかの私に、封切第一日目に映画館に向かわせたのは、原作の宮本輝、監督の小栗康平が私たちと同じ年代であり、描かれているのが昭和三十一年の時の私たちの情景であるということであった。

映画は、大阪・安治川河口の橋のたもとの食堂の子供・信雄と、住まいとする舟を信雄の家の対岸に停泊させた姉弟の束の間の触れ合いの情景である。弟・喜一は信雄と同い年だが学校へは行っていない。姉・銀子は彼らより二つ年長である。姉弟の父は川で死に、母は客をとっている。他人《ひと》は廓船と呼んでいる。

川にお化けのような大きな鯉がいる。誰にも言うたらあかん、と言って喜一と信雄は出会う。

（お化け鯉とは何なのか）

信雄がさそわれて喜一の舟に遊びに行くと、少女が顔を出す。色の白い女の子、銀子である。その時信雄はぬかるみに足をすべらせて靴を汚す。銀子は信雄の足を洗ってやる。水は二人が公園から運んで来る残り少ない飲み水であった。喜一は川の水で靴を洗ってやる。こうして三人のふれ合いが始まる。

それは何でもない情景であった。信雄が店の売り物であるラムネを抱えて、舟へ行く、橋の畔に下り、川沿いの細い道を歩いて行く。私の目から涙があふれた。とめどなくあふれた。これほどの涙が私の中のどこから来たのか、私は不思議な気持で涙を流していた。

この時この年齢であった少年が、今、三十幾つ、この年齢の子供を子に持つまでになりながら、踏み迷うて、一人どこを歩いているのかと思った。

その後、黒瀬と一番親しくしていると思われる板並道雄や、黒瀬夫人に幾度か電話をした。黒瀬から何か連絡が入ったら私にも必ず知らせてくれと言ったが、連絡がないままに日が過ぎた。失踪時の所持金一万余円が気にかかった。

そんな日、京都の天野忠さん宅に行くことがあった。私はそれとなく黒瀬のことを話した。天野さんは、黒瀬が京都勤労者学園「詩の教室」の講師の集まりの会で元気がなかったこと、幾日か前、本を返しに来たことを言われた。失踪のことは話さなかった。その時、出来あがって間もない詩誌「ノッポとチビ」を天野さんからいただいた。その中に黒瀬はこう書いていた。

子どものつくりかたを
誰に教わったろう
谷川俊太郎のつくりかたを
谷川さんから学んだろうか

いままでに　つくったものは
そんなに多くはない
小学生のころ
粘土細工で灰皿ひとつと

長じて娘ひとり
これは　生きて動くし
歌もうたう

〈おんなのこってなんでできてる？
　おさとうとスパイスと
　すてきななにもかも〉

中年男ってなんでできてる？

中年男になにができる？
アッハ
唯一麻婆豆腐黒瀬風

このできあがり
このグチャグチャ
お　お食べ　娘

（「何でできてる何ができる」全行）


黒瀬が失踪してから一週間が経とうとする朝、黒瀬夫人から電話が入った。

黒瀬が見つかったという。

「生きていないんです」

夫人は少し声を変え、私も少し声を変えた。

私は黒瀬の詩の仲間たちに電話をした。

通夜の道で、一緒になった小笠原信は、

「『泥の河』を観ていたら死なかったん違うかなあ」

と言った。

葬儀の日はよく晴れた。黒瀬の家の二階の軒に洗濯物が干されてあった。屋根と屋根の間の空が青かった。青いシャツがあって黒瀬のものかも知れないと思った。私の横に天野忠さんがいて、

「若こうて、こんな立派な家もってるのに」と言った。

すべてが遠いところの出来事のような気がした。黒瀬の写真を見ても黒瀬だとは思えなかった。


(「夢幻」14号・一九八一年九月)

遅れ時計の詩人

一九八五（昭和六十）年一月十五日、祭日のこの日、私の家に電話番号を知らないはずの足立巻一さんから電話があった。その前年の春、私は今の住まいに引っ越したが、連絡は事務所で足りたので、あらためての転居通知は親しい人たちにも出さないままであった。丁度、足立さんの編集で、竹中郁さんのエッセイ集『消えゆく幻燈』を、ノアで作っていたので、事務所に足立さんの電話はしょっちゅうかかってきていたので、緊急のことに違いなかった。

足立さんは、「君のところの電話番号が、誰に聞いてもわからなくて、今になってしもたんや」と言った。思い出して、私の義父に聞いた、と言った。義父は足立さんの大学の後輩である。

一瞬、Yさんのことが頭を掠めた。前年の夏、脳内出血で倒れた足立さんの友人のYさんに何かあったのかと思った。だがYさんのことでわざわざ休日、私のところに電話があるだろうか。私はまさか、と思った。

足立さんの口から出てきた名前は、Yさんではなく、そのまさかの清水さんだった。足立さんは、「清水正一さん」とはっきり言った。

私は、詩人清水正一には申し訳ないけれど、清水さんを詩人というより、父のように思っていた。清水さんもそのように接してくれるので、そのように思っていた。

私はこれまで、健在ではあるが実の父に死なれた時よりも、清水さんの時の方が悲しいのではないかと思ってきた。その時が不意に、やってきたのだと思った。

なにをどうしていいのかわからなかったが、じっとしているわけにもいかないので、とりあえず十三の清水さんの家に行こうと思った。着替える。ネクタイを結ぶ。時間が皮膚から離れていくような感覚、時間から取り残されていくような、離脱感があった。梅田では成人式の晴着の娘さんたちを何人も見た。

清水さんの家に着いた時、玄関を出てくる原肇・三佳夫妻に会った。夫妻ともども清水さんと旧いおつき合いである。原三佳さんは私を見て、名前だけを言った。

清水さんは、暮れにひいた風邪をこじらせ中津の済生会病院に入院し、肺炎で亡くなった。奥さんは、病院が入院時、風邪をひいた病人を薄着のまま、レントゲン検査やなにやかやの検査で、三、四時間も引き回したことをくやんだ。

清水さんはすぐにでも退院するつもりで、本と原稿用紙を持ち込んだ。私の事務所が中津なのでそのことを言って、「退院したら一度行かんとあかん」と奥さんに話したという。私は仕事をしながら、清水さんが淀川のこちら側、清水流に言うと左岸、のすぐそばにいることを知らなかった。

毎年一月中頃の休日、清水宅での新年会に呼ばれていたが、今年は連絡がないので何かあったのだろうか、一度こちらから電話をかけてみないといけないと思っていた矢先だった。電話をかけそびれていた。

私は実は暮れの三十日、十三公設市場の中にある清水さんの店に、挨拶と正月用のかまぼこを買うために行っていた。清水さんは店に出ていたが、風邪ぎみだと言って元気がなかった。

長男の勇さんが帰ってきて、店を手伝っていた。毎年のことであった。

清水さんは奥さんと勇さんに店をまかせて、私を喫茶店に誘ってくれた。これもいつものことであった。

暮れの商店街の人ごみの中、前を清水さんが歩く。小柄な後ろ姿である。大正二年の生まれ。早産八カ月というから未熟児であろう。母親がこんなに生んだのは私の責任だと、手塩にかけた。銭湯で子供の生まれ月を聞かれるのがつらいので、赤ん坊の自分を連れていくのはいつも終い風呂だった、ということを、清水さんが話してくれたことがあった。よく今まで生きられたものだ、と。

清水さんのはいている長靴がとても大きく見えた。革靴の時も靴が大きかった。いくらかひきずるような、長靴が歩いているように見えた。私はちいさな後ろ姿を見ながら付いて行った。

商店街の路地を入った喫茶店。今風でない下町十三の喫茶店。

清水さんは紅茶を注文した。ミルクチイ。清水さんはチイと発音した。清水流なのかどうか、なぜか私はその一瞬、伊賀上野の散髪屋に生まれて、大阪に出て、今この場所に至る清水さんの人生を想った。チイの響きの中に……。

私は家族で伊賀上野に行ったことがある。五月の連休で一泊した。この時も詩人の生地をたずねるという気分よりは、家族の行楽の行先を、清水さんの生まれた町にするという気持だった。

清水さんの生地は、上野のはずれの町。近鉄の支線の駅前通り、といっても商店もまばらで、通りをはずれると田畑が拡がっていた。

その通りに、店は名も変わり他人のものに変わっているのだが、清水さんの生まれた幸栄館（通称「床熊」）は、理髪店のままあった。清水さんの文章に出てくる八百屋も八百屋のままであった。

城近くの清水さんが自慢した県立上野高校は、木造平屋の白いシンメトリーの校舎が一瞬息をのむほど美しかった。清水さんは高等科を卒業すると十六歳で、大阪の兄の蒲鉾屋で働くために町を出たので、旧制中学のこの校舎で学ぶことはなかった。

上野では、荒木又右衛門の鍵屋の辻にも、芭蕉の蓑虫庵にも行った。家族でよく歩いた。場合によれば泊まるつもりで出てきて、泊まろうということになったのだが、旅館を予約してなかった。駅前の案内所にとび込んだが、連休のため旅館はどこもふさがっていた。

ようやく見つかったのが、国鉄関西線伊賀上野駅前の旅館だった。上野の町の中心は近鉄上野駅にあって、関西線伊賀上野駅は、田園地帯の中にポツンとある。駅舎の前も人通りはほとんどない。通りにはそれでも家が立ち並んではいるが、商店は少ない。スーパーが一軒あった。駅前の集落から、田園地帯を越えて遠方に上野の市街がけむったように見えた。

旅館にたどりついて、私たちは少々驚いた。旅館というよりたたずまいは民宿に近い。通された部屋も安普請で、襖はところどころ破れていた。ハンガーはビニール製で壁の釘にかける。テーブルもデコラ張りの折りたたみ式で傾いていた。

風呂も家庭のステンレス風呂であった。が湯は気持良かった。歩き疲れもあったのだろう。満々と張られた湯が溢れて流れた。

夕食は階下の食堂に用意された。テーブルが三列に並んでいたが、家族も同じところで食事するようであった。壁のカレンダーの汚れ、棚の調味料の配置がそれを思わせた。

旅館はばあさんがとりしきって、嫁が食事を作っているふうであった。嫁の亭主は外に働きに出ているのか男の姿は見かけなかった。食堂からは家の居間が見えて、子供たちがテレビを見ていた。ばあさんは細面で芯の強そうな感じを受けたが、疲れているように見えた。嫁は働き者に見えた。泊まり客は私たちの他二組と思えた。

翌朝の帰り、ばあさんは二人の子供たちに、「また夏休みにおいでね」と言った。表に出ると、下の小学一年生の娘は、「おばあさんが、夏休みにおいでと言ったので、また夏休みに泊まりにこんとあかんね」と大切な約束のように小声で言った。宿賃は安かった。

そうしたこともみな、清水さんにかなった旅だったと、私は思った。


ミルクチイを飲みながら、私たちはお互いの最近のことを話した。私は清水さんに、「そろそろ戦後史は如何ですか」と言った。二年ほど前から私は清水さんに、蒲鉾屋として詩を書く者としての歩みを書かれてはどうかと勧めてきた。清水さんも書きたいと言った。第一回分の原稿の締切を設定したこともあった。

清水さんは、「日記をつけているので、書き出したら、うまく行くと思うんやけどねえ」と言った。清水さんは克明な日記をつけていた。大学ノートであったり、三年連用日記であったりした。連用日記が面白いと言った。

清水さんは七十一歳の今日、まだ現役で店に立っている。朝早い蒲鉾作りから、一日立ちづめであろう。家に帰り、食事をし、銭湯に行き、日記を書くと、疲れが出て、後はテレビを見て、寝るだけだと言う。

執筆は日曜日。あちこちの依頼原稿を書くのでつぶれる。日曜日には出版記念会も多い。清水さんは出版記念会にも律義に出席する方であった。それ以上の「わが戦後史」はのぞむべきではなかったのだ。

そろそろはじめたい、と清水さんは言った。店が忙しい時なので、あまり時間をとってはと思った。それでも三十分はいたろうか。喫茶店を出て路地を商店街へ、店へ帰る清水さんと別れるところで、清水さんは、

「カラサワさん、よく来てくれて、ありがとう」

と言って手をさしのべた。私は清水さんの顔を見た。口の周りに白い髭が浮いている。私は驚いて手を握った。

私は人込みの中を歩いていく清水さんの後ろ姿を少しながめ、踵を返した。清水さんがことさら握手をしてくることなどこれまでになかったことなので、不思議な気がした。清水さん、どうかしたのか。風邪のせいか、などと軽薄に思ったりもしたが、清水さんの言葉通り、暮れにたずねたことを、喜んでくれたのだと単純に考えを落ち着けた。

それが清水さんとの最後の握手となった。

後からわかったことであるが、この清水さんの握手を、原三佳さんも受けていた。御主人の原肇さんは歯医者で、清水さんの歯は原さんが治した。暮れの忙しくなる前にと、二十日頃か、清水さんは原宅を訪問し、三佳さんとの別れ際、握手をした。原三佳さんもずいぶん親しい長いつき合いの中ではじめてのことだったので、驚いたという。

清水さんと私のつき合いは、編集工房ノアで一九七九（昭和五十四）年十月に出した、『清水正一詩集』の時からだから、長い年月とはいえない。

この詩集は最初の作品選びからタッチした。編集者として一冊の本作りでおつき合いすると、その人柄がわかる。清水さんの場合、男としては注文も多い、考えが二転三転することもあって、私としては気持を押えることもあった。

そんな清水さんを、私がなぜ父のように思ったか、自分でもよくわからない。

私の父は漁師であったが、町に出ると父の魚くさいのが嫌だった。清水さんと喫茶店に入る時、出版記念会に店からかけつけた時など、清水さんの身体から強い油の臭いがして、嫌だと思うことがあった。それは他人に閉口するというより、肉親が他人に対して恥ずかしいという嫌さであった。

詩集の製作にあたって、作品の選択から配列、校正を二度、三度としていくと、本はあくまで著者のものでありながら、親しみの湧くものほど身体の内に入ってきて、最後は他人のものとは思えない、自分のもののような錯覚に陥ったりする。出版というのは事業には違いないが、自分の編集しない、名のみの発行者であってみれば、喜びはなにほどのものであろうか、と思う。

とりあえずの仕上がりの、出来たばかりの『清水正一詩集』を持って、夜、清水宅に行った。

清水さんの家は、十三のはずれにある、平屋の棟割り長屋の一戸で、白いペンキ塗りの平板の庭戸を押して中に入る。狭い前庭があって小ぶりの松の木が一本。山本周五郎が書く、江戸の町の長屋を思わせる家である。

玄関にも本棚があり、上ったところの小間にも本が並んでいる。玄関の横が台所。小間に続く部屋がこの家の中心で、居間兼応接間兼、多分寝室兼、清水さんの書斎も兼ねている。奥は建て増した部屋のようで、ここにも本がいっぱい置かれているが、書庫というよりは物置きの感じである。風呂はない。この家で清水さんは二人の子供を育てた。今の物置きは、息子、娘さんの部屋だったのかも知れない。

中心の部屋も一方の壁面は、棚にびっしりと本が整理され並べられている。部屋の中央には机もかねてホーム炬燵が置かれ、清水さんは本棚を背に座っている。机の上には、丸い傘のついた電気スタンドが置かれ、送られてきた最近の詩誌や雑誌、手紙類が重ねられている。

スタンドの明かりは、清水さんの顔の下半分を照している。目のあたりは影になっているが、詩集を手にして、清水さんが涙ぐんでいるのがわかった。

自分で言うのはおかしいが、詩集の仕上りは、私にしても満足のいくものであった。清水さんらしい粋をも持ってしっくりと仕上がったと思えた。装幀の粟津謙太郎のカバーのエッチングの魚の絵もよかった。六十七歳にして初めての詩集であった。

これは詩集出版後に他人から聞いた話であるが、清水さんも人のすすめもあり、出版の機がないではなかった。娘さんの結婚の時、自分の詩集をまとめるより、その分娘に箪笥の一棹でも持たせてやりたい、と断念されたという。

翌一九八〇（昭和五十五）年一月二十日の詩集出版記念会（大阪国労会館）に、清水さんは小さな身体に、羽織袴で出た。一人ひとりのスピーチを、清水さんは直立のままで受けていた。

この会に、京都から黒瀬勝巳、板並道雄も出席した。清水さんは黒瀬の詩を評価した。が黒瀬は二年後不意の死をとげる。この出版記念会を粟田茂氏が8ミリで撮影、立派な記録フイルムに編集したが、この中になぜか黒瀬勝巳が何度も写し出されている。一度などは、画面に大写しで、黒瀬の背中が横切る。

清水さんは話好きであった。電話もよくかかってきた。午後三、四時頃が清水さんの休憩時間にあたるらしい。私が市場の店に行く時もこの時間だった。自分の店ではあるが、休憩時間をきっちり決めていたのだ。清水さんは電話をなかなか切らない。用事があってかけてくるわけではなく、四方山の話である。私の方は仕事中なので、つい邪険な物言いになったりすることもあった。

日曜日に清水宅に出かけることも多かった。午後二、三時頃に行く。最初ビールが出て、店の商品である竹輪、はんぺん、蒲鉾が出て、次から次へ肴が出る。最後は、ビフカツといもサラダの付け合わせ、それで足らなければ、ピーナツ、おかきの山盛り。食べ切れない程のものが出る。いわゆる清水宅の接待のフルコースがあって、呼ばれて行く場合、このコースは変わることがない。

清水さんの酒量は多い方ではなく、ビールをチビチビやる。つぎ足すのは上の一、二分ほどである。呑むのはもっぱら私。

清水さんが話し、私が聞き手にまわる。時に清水さんの話をまとめ、前後するのを聞き直し、話が前に進む。延々と続く。夕食の時間も過ぎる。寿司が出る。

話は一からはじまるわけではないけれど、伊賀上野の小学生時代の話、同学年だった詩を書く早熟の美少年で十七歳で自殺した小島正のこと、担任教師で芭蕉の研究家だった桃井隆康先生のこと。

徴用で日立造船桜島工場に働いた時の話、身体が小さくて力仕事がつらかった。狭い足場を鉄板を二人でかついであがる。自分もいじめられたが朝鮮人はもっとつらい目にあっていた。小野(十三郎)さんは藤永田造船所だったが、むこうは事務所務めだった、といったような話。

「新大阪新聞・働く人の詩」の時の話。同じ欄の常連だった映画監督中川信夫とのこと。「国際平和新聞」という台湾系華僑が経営した新聞社に一時入社し、あこがれの詩人・竹中郁に詩を依頼し、竹中さんが半地下の新聞社に原稿を持ってきてくれた話など、話はつきない。

「まだ、電車はあるでしょう」

ついつい最終電車の時間まで長居をすることになる。これが毎回のことであった。話も多少の前後の違いはあるが、同じ話がフルコースで続くのである。清水さんにとって前にもした話ということは関係なかったのである。清水さんにとっては話すことが、何かをとりもどす楽しい時間であったのだろう。

それに清水宅の掛け時計は、大幅に遅れている。三、四時間も遅れている時もある。少し遅れる時計を、なおすことなく夫婦は日々の遅れのままに時を読んで生活しているのである。どの程度の遅れで調整するのか、どこまでも直さないままなのかは、聞かなかった。遅れを知りながらもなんとなく時間の感覚がなくなって、最後まで居てしまう。

「泊まっていったら。私ら朝早いけど」

と引き留められることもあった。

この大幅遅れの時計が清水さんの詩であったのかも知れないと、今は思う。蒲鉾屋の時間を、詩人の時間にする時計であったのかも知れない。それと話し相手がついつい長居をする時計。

彼らも
そう遠くまで行っていまい

このツルゲーネフの言葉を清水さんは好んだ。自分の言葉としたのではないか。私も、蒲鉾屋ですが、コツコツ詩は忘れずに書いて行きます、という矜持であったのだ。先の方を行くのは、安西冬衛であり小野十三郎であった。特に清水さんは小野さんのことを意識したのではないか。

「大阪で詩を書こうと思ったら、小野さんのところへ行かんとあかんと言うけれど、私は小野さんの門をたたかずに、詩を書いてきた」と言うことがあった。

〝小野さん、私もボツボツ、ついて行きます〟という意志だろう。詩を書くことにのみ専念できなかった無念さがどれほどか入っていると思うが、それらがすべて清水正一の詩を立たせたのだと、清水さんに言いたい。

清水さんの通夜で、長男勇さんの挨拶が淡々として印象的であった。「清潔な一生であったと思います」と息子に言ってもらえる幸せがあるだろうか。誰もが知る、つましい庶民の真面目な一生であった。

清水さんの死後、『清水正一詩集』以後の作品が『続清水正一詩集』として、一九八五(昭和六十)年八月、発行された(編集工房ノア刊)。

今年(一九八六)一月十五日、清水さんの一周忌に合わせて、出版記念の意も含んだ、「偲ぶ会」が十三で開かれた。

後日私は、当日の写真を記念にと清水さんの奥さんに届けた。

「お父さんがいたら、(会の後で)皆さんにここへ来てもらいましたのに……」

と奥さんは言われた。

奥さんはまだ、遅れ時計のまま暮らしているのだった。

(「夢幻」18号・一九八六年七月)

*清水正一、一九八五年一月十五日午前二時二十分永眠。

訣れの詩人——黒瀬勝巳の詩の周辺

（一）

ともあれ　この歯がからだのなかで
いちばん硬いとは　うれしいことだ
だいいち　性悪なするめだって
このとおりだし
それに　眠ってからだって
歯ぎしりが嚙める

ともあれ　この歯がからだじゅうで
もっとも白いとは　たのしいことだ
なにより　むき出したときに
印象的だし
それに　金歯をいれても
これならひきたつ

でも
これはなんの根拠もない言い草だが
ひとは　その歯において
ひとと訣れてきたのじゃないだろうか
朝晩二回も歯を磨いていると
そんなふうに　俺には思えてくるんです

（「歯」全行）

夜の家路、団地の棟々の縦横の窓々から明りのもれる坂道を登る時、私は黒瀬勝巳のこの「歯」という詩を思い出す。

それはちょっとした一日の疲れからか、坂道でいくらか歯をくいしばる所為だろうか。歯の硬さゆえにひとと訣れてきたというフレーズが、私の身体の中心の方から込みあげてくる。そうすると、肉体を離れて嚙み合わされた歯だけが暗闇の中に浮かび、次には骸骨が現れて、骨の膝を曲げて、坂道を登っていく。

私が黒瀬勝巳と初めて会ったのは一九七八(昭和五十三)年一月十四日、京都河原町三条の酒場「ふじ」である。京都の詩人たちは「ふじ」に月一回第二土曜日、自由に集まり、詩の話や雑談をし酒を飲んだ。誰言うとなく「ふじの会」と呼んでいた。

場所が「ふじ」に移るまでは、「青鬼」が溜まり場となっていた。青鬼時代の詩人が清水昶、清水哲男、正津勉、佐々木幹郎たちなら、ふじ時代の詩人は、東川絹子、板並道雄、江嵜一夫、藤本直規、藤本真理子、谷川柊、山本紀康、尾崎与里子、安部寿子、岩田典子、長谷川進など当時三十歳前後の人々であり、その中で一番遅れてやってきた黒瀬勝巳は、第一詩集『ラムネの日から』で一躍注目を浴びた。ふじ時代を代表する詩人ではないか。

ふじにはこうした若手の他、大野新、河野仁昭、古家晶、荒木年雄らの先輩詩人も顔を見せ、時に青鬼OBである清水哲男、昶が来洛の時顔を見せることもあった。座長格は大野新で、新人には大野がその日のメンバーを紹介した。大野の紹介は当を得た親切なもので、秀逸の感があった。黒瀬も私も大野によって紹介されたはずである。

私がふじの会に通うことになったのは、大野新評論集『沙漠の椅子』を出すためで、ふじの会で出版の話をするではなかったが、一九七五年の秋から通いはじめ、大野の構想がまとまるのを待った。ふじの会が私にとって安らぎの場ともなった。

黒瀬が大野新、河野仁昭を中心とする詩誌「ノッポとチビ」の同人になったのが、一九七七年九月同誌第四十三号からで、同号に「文庫本としてのおふくろ」を発表している。「ノッポとチビ」同人になるということは、とりもなおさず大野や河野から評価を受けたということである。

また黒瀬は、京都の出版社世界思想社に勤め、今江祥智、上野瞭、谷川俊太郎、鶴見俊輔、灰谷健次郎、三宅興子編集『叢書児童文学　全五巻』の編集にあたっている時で、今江祥智の本を出そうとしていた私と今江祥智の場で会うことがあった。私としては始めて間もない出版の仕事で、初めての同業者の知り合いとなった。

一九七七年六月、大野新『沙漠の椅子』発行に続き、出版された詩集『家』（永井出版企画）で大野はH氏賞を受賞。翌年三月二十一日、京都タワーホテルで受賞記念パーティーが行われた。この日の会場のロビーで、私は黒瀬の詩集を出すことを話した。

時折、口元を片方に寄せて微笑みながらボソボソと話すのが黒瀬の特徴だった。謙虚な中に自信をうかがわせた。

しばらくして原稿が送られて来て、私が了承すると、黒瀬はお手のものの編集を自分でし、レイアウトの隅々、装幀から印刷の手配まで、私と連絡を取りながらではあったが、全て自分でした。自分の手で自分の詩集を完結させた。

この黒瀬勝巳詩集『ラムネの日から』が発行されたのが一九七八年九月。詩二十篇収録、六〇頁、ペーパーバックの薄い詩集であった。

十二月、夜の鴨川の黒い流れが見える料亭で詩集出版記念会があった。出席者はふじの会の仲間を中心にした十数人の小さな会で、氣谷順三の世話による会場は大広間で、部屋の三分の一ほどに人々はすき焼き鍋を囲んだ。すき焼きの出版記念パーティーは珍しい。すき焼きは黒瀬の好物であった。それも玉ネギの入ったもの、夏の暑い時でも板並宅に材料持参ですき焼きをしたという。黒瀬は小型テープレコーダーで出席者のスピーチを自ら録音していた。ほとんどが若手で、天野忠、荒木年雄、大野新、古家晶らが年長組であった。この時のテープは今どこにあるのだろう。天野の言葉が印象的であった。

「わしらが若いときは、ものの考え方がひたむきやった。一所懸命やった。だがこの黒瀬君の詩集をみると、装幀もスマートやし、詩もスマートや。誤字もなければ、レイ・アウトもすっきりしている。そしてかるいニヒリズムがある。ニヒリズムをたのしんでさえいるところがある。」

天野忠のこの言葉に続けて、大野は京都新聞「ひそかな出版記念から」で次のように書いている。

　　そうだな、と彼らの中間世代である私も思う。そしてその「軽いニヒリズム」という衣裳は、戦中・戦後の物資や精神や健康上の飢餓のない世代には、まさになすべきこと、当為への愛のみあたらぬ環境そのものである。

私がこの黒瀬勝巳の詩集から感じさせられたのは、この当為への愛ということから、はぐれ駒になっている世代の感覚である。はぐれ駒が、昔仲間があったはずだが、と感じながら、それでもそんな問いを、むきになって問うほどのことでもなし、とはぐらかし……それでも、こんなに、からだのいろんな部分にのこっている痕跡はなんなのだろう、と首をかしげながら走っている、そこらが奇妙に感傷とは切れていながら、人なつっこさとつながっている味趣である。

黒瀬勝巳、一九四五（昭和二十）年三月生まれ、この時三十三歳。ついでながら私、一九四六年生まれである。大野のいう当為への愛というところはそうかも知れないとも思うが、戦無世代ではない。私たちの生い立ちには戦争の残骸がいたるところにあった。

大野新はこの日の質素な出版記念会で、京都の新しい世代の新人が誕生した、としみじみ感じたと書いているが、それは詩人黒瀬勝巳の誕生であった。

（二）

たしかに広い背中だが
娘よ

黒板じゃないのだ
おまえは　チョークをもって
おれの背中に
おぼえたての　くろせの「く」
を書きたがるが

すわればたしかに一枚の板だが
娘よ
塀じゃないのだ
おまえは
おれの背中にへばりつき
おれの肩越しに　世界を垣間みようとするが
たしかに　そんなことにしか役にたたない
のっぺらぼうではあるが

娘よ
ひっかついできたすべてをおろし
もう
どんな「く」だって
背負いたくない
とおれは思っているのだ

（「背中」全行）

黒瀬の詩は、大野の大陸体験に根ざした、寒風の中の垂直の錘といった位置と抒情より、同じ京都生まれ京都育ち、京都人気質の天野忠の詩に近い。前出の「歯」の他、「爪」「ゆび植え」「心臓」「骨」「背中」など、身体の内部、生活にまつわりつくものから、のがれて軽くなろうとしながら、逆にさらに深みへと落ちこんで行きそうになる。重さより軽さ、意味よりも無意味、ナンセンスへと遊泳しようとしながら、手の翼はどこか重く、湿り気を帯びている。

一九七九年一月のサンケイ新聞に、詩人黒瀬勝巳の大きな顔写真入りのインタビュー記事が載った。この中で黒瀬は「軽い本です。ナンセンスの楽しさを味わってほしい」「洗練された落語のユーモア、日本的風土とは異質な、宮沢賢治の童話の世界、谷川俊太郎のナンセンス詩、織田作之助のサービス精神、すべて作品に取り入れたい。〝湿度〟をふっきったカラッとした作品に仕上げたい」と軽さナンセンスを強調し、自分の詩を方向づけようとしたが成就させることはできなかった。むしろ軽くしてのがれようとしながらのがれられないものとの確執の部分で黒瀬の詩は成立ち、力を持って迫ってくる。生木の燃える火である。

黒瀬は独特の個性で、京都の仲間内のみならず、各方面からの評価を受けた。荒川洋治は、黒瀬の詩の身体に添った発想をとらえ「今年の収穫」と日刊福井に、中江俊夫は朝日新聞に、藤井貞和は読書人に、現代詩手帖では菊池千里が「生活の内面でギリギリに立った言葉」ととりあげた。

詩集発行の翌一九七九年四月、黒瀬は京都勤労者学園「詩の教室」の講師となった。天野、大野、青木はるみらの講師陣の中で、若い講師であった。

また同月には、かねてから黒瀬が六人の編集委員と共に編集を進めていた『叢書児童文学　全五巻』が発刊され、これまでにない各方面からの執筆者による児童文学にアプローチした叢書で話題を呼んだ。黒瀬勝巳の編集者生活の中で最も充実した仕事となった。ふじの会のメンバーでもこの叢書を買ったものが幾人かいた。

十二月には、黒瀬は個人編集詩誌「紙芝居」を創刊、自作詩「恋唄」とエッセイ「ニセモノ好み」を発表したほか、藤本直規、東川絹子、涸沢純平、今江祥智の寄稿者からの詩も掲載した。自分の気に入った人に詩を依頼し、一篇でなく二、三篇まとめて出してもらおうという趣旨であった。一篇ではその詩人のよさはわからない、というのが黒瀬の考えであった。「紙芝居」は黒瀬が懇意であった軽印刷のどらねこ工房で印刷だけをしてもらい、版下も製本も自分でした。黒瀬はこの頃、嘻々としていた。

「本をつくるというのはエロチックなものやなあ」と黒瀬は言うことがあったが、このエロチックというのは、編集者としての出版のことも指してはいようが、自分の手作業で本をつくる版下や製本作業に、肉感的な喜びを見い出していたのではないだろうか。

「紙芝居」は以後、一九八〇年六月に二号、寄稿者、江嵜一夫、藤本直規、尾崎与里子、嵩文彦、今江祥智。

同十二月に三号発行、寄稿者、安部寿子、松本衆司、小笠原信、板並道雄、今江祥智で、結果的に最終号となった。

同月には、谷川俊太郎編「日本のライト・ヴァース」第一集『煖爐棚上陳列品一覧』

（書肆山田）に「文庫本としてのおふくろ」（『ラムネの日から』）が収録された。だがもうこの頃から黒瀬はすでに壊れかかっていたのではないか。黒瀬のめざしたナンセンスは時に言葉遊びの空回りを見せた。生活は逆に重みを増して彼をからめとろうとしていた。少なくとも黒瀬にはそう思われたのだろう。

それより前、同年八月に、黒瀬は世界思想社をやめ、「しゃんぶるだある」に入社した。同社は近鉄のＰＲ誌を編集するプロダクションであったが、黒瀬が入社するに際し出版も始めるという約束で、黒瀬は『叢書児童文学』の続篇ともいうべきシリーズ全三巻*の編集にあたった。

だがここでの仕事はうまく行かなかった。同社の女社長はそれほど出版に意欲を持っていた訳ではなかった。事務所のマンションは社長の私宅と兼用であり、社員は黒瀬のほか女性一人であった。これらのことは後で知った。黒瀬は私的な部分についてほとんど話したがらなかった。「仕事はどうか」と聞くと、「あまりうまく行ってない」とだけ言った。ある夜、今江祥智宅（北白川）で二人で飲んでいて遅くなり、黒瀬宅にとめてもらったことがあった。酔っぱらって黒瀬の単車の後ろに、ふざけて黒瀬の胴を抱きしめて乗った。家にいるべきはずの妻と娘はいなかった。別居中であった。朝食を黒瀬は手際よく作ってくれた。それから黒瀬がどんな思いでどんな道を歩いたのか、私は知らない。

（三）

黒瀬は行方不明一週間後、自宅近くの曼殊院裏山で死んで発見された。行年三十六歳。五月二十九日、葬儀の日はよく晴れた。出棺の時、谷村新司（アリス）の歌「帰らざる日々」が流された。涙があふれてしかたがなかった。小憎らしいと思った。

鶴見俊輔氏は、追悼文で、「黒瀬勝巳の詩を読みかえしてみると、そのほとんどすべてが、死を指さしているのに気がつく」（「彼」＝「夢幻」14・追悼黒瀬勝巳）と書いた。そうだ、黒瀬の死によって初めて黒瀬の詩を教えられた思いがあった。

この原稿は、生前の清水正一さんから「てまり」（喜尚晃子発行）清水正一編集号に依頼を受けた。多忙を理由に、締切日が過ぎても手をつけずにいたが、清水さんが同人だった「解氷期」を中心とした少人数の清水正一追悼会があり、その場で同人粟田茂氏製作の一九八〇年一月の『清水正一詩集』出版記念会の撮影フイルムが上映された。私が観るのは二度目だった。このフイルムで生きた清水さんの姿を見たのはもちろんであるが、画面に何度も黒瀬勝巳の生きて動く姿を見た。ビールを飲み、サンドイッチを食べている。一度は大写しで画面を横切って行った。

黒瀬には「幻燈機のなかで」という詩があり、死後私の出版社から刊行した詩集の書名ともしている。少年は買ってもらった幻燈機の中に出てくる少女を見るのが夏休み中の楽しみであったが、やがて彼は少女に会うために幻燈機の中に入っていってしまう。

少年はいまでも幻燈機のなかにゐるのです
そのなかで死ぬ

私が見たのは、黒瀬の詩の通り、幻燈機の中に入った黒瀬勝巳の姿だった。

（「てまり」7号・清水正一編集「現代詩人論―詩の現地」特集・一九八五年九月）

＊黒瀬の死後同年十二月、『絵本・子ども・大人』『絵本のバイエル』『想像力の冒険』が理論社から発行された。

望郷の詩人

清水正一さんの墓は、兵庫県加古郡播磨町野添土山霊園にある。

私が、清水さんの墓参りに行ったのは、清水さんが亡くなった年（一九八五）の、十二月二十九日だった。

少しでも早く墓参りをしたい、と思いながら、年の暮れとなった。いつもなら、十三の清水さんの店に、正月用の蒲鉾を買いに行く日である。

前年、店に行くと、清水さんは「風邪ぎみで」と言って、少し元気がなかった。息子さんが手伝いに来ていた。

私はさそわれるままに、清水さんの後をついて、喫茶店に行った。

前を行く、「身長5尺1寸、体重11貫の虚弱な体」（「オーサカ詩人伝」『犬は詩人を裏切らない』収録）の、小さな後ろ姿。長靴が大きく見えた。

商店街を脇に入った静かな喫茶店。清水さんは紅茶を注文した。

「ミルクチイ」、チイ、と発音した。

私はこの時、わけもなくチイの響きに、清水さんが生まれた伊賀上野を思った。それは伊賀上野ではミルクチイ、と発音するのではないかということではなく、チイは清水さんの伊賀上野そして今日ここに至る清水さんの人生につながる響きに思えたのだ。

「カラサワさん、よく来てくれて、ありがとう」

清水さんは別れぎわにそう言って、私の手を握った。私は初めて清水さんと握手をした。改まった言葉と握手が不思議だった。

翌一月十五日、清水さんが亡くなったことを、足立巻一さんから知らされた。私は清水宅に急いだ。街には成人式に着飾った娘たちがあふれていた。

墓参りには、小学六年生の娘を連れて行った。娘が一年生の時、四人家族で五月の連休に、伊賀上野に一泊旅行をしたことがあり、娘は清水さんにお年玉をもらったこともある。

晴れた暖かい日だった。列車の中で、途中で買った鶏の空揚げを娘と分けあい、私はビールを呑んだ。須磨・明石の海に陽がきらめいていた。清水さんはあまり海には縁がなかったな。清水さんは川、淀川だった。

尋常高等小学校高等科を卒業した十六歳、長兄が二年前に独立した「いさみ蒲鉾」で働くため、大阪に出たのが、淀川左岸海老江だった。その後、橋を渡り、十三へ。右岸で生涯を終えた。

ＪＲ快速赤穂行きは、明石から各駅停車となり、三つ目の駅土山で下車。一時三十分着。駅前周辺にはわずかに商店街があったが、道路沿いの家並みはすぐに住宅となって、平たく町が続き、家並みのさらに前方には田畑が広がっていた。軒先にも道路にも冬の陽があたっている。途中一度道を聞いた。道を歩く人をほとんど見かけなかった。駅から歩いて二十分ぐらい、と清水さんの奥さんから聞いていた。

墓のある円満寺という寺は、家並みが切れかかるところにあった。田畑が広がり、寺に隣接する一角が寺が新しく開いた墓地となっていた。この中に清水さんの墓があるはずである。墓は、まだ使用されていないもの、石碑の建っていないもの、石碑に赤字が入っているものが多かった。

さがしあてた清水さんの墓にも、まだ石碑は建っていなかった。木の墓標と卒塔婆だけが立っていた。

「浄岳正道禅定門　昭和六十年一月十五日亡俗名正一」

と書かれている。

墓地から遠くを見ると、ところどころ木々が盛り上がって茂っているところがあるが、田畑が広々と見渡せる。

この風景は、清水さんが生まれた伊賀上野の町のはずれ、関西線伊賀上野駅の近くの、あの頃住宅地に造成中であった土地から、さらに広がっている田畑の遠望に、どこか似ていなくもないが、周囲を山系がとり囲む盆地の風景とは、あきらかに異なる。

ここは、清水正一さんの生涯のどこにもなかった風景の土地である。

伊賀上野生まれ、淀川沿岸で生涯を終えた清水さんの墓が、どうして播磨平野の霊園にあるのか。

理由は簡単である。清水さんの長男勇氏がここから車で十五分ぐらいのところに住んでいる。

勇氏は、北野高校から京都工芸繊維大学へ進み、播磨耐火煉瓦（株）に入社した。今春、勇氏長男主税《ちから》は北海道大学に入学した。みな優秀である。

主税は、清水さんが付けた。大石主税からとったに違いない。清水さんには、私は読んだことはないが「大石主税」について書いた小説がある。足立巻一さんが、「赤穂生まれで、主税いうたら、あとあとうらまれまっせ」と言ったというが、主税君はうらんではいないようだ。

清水さんは、詩人というより、生活者であった。清水さんは詩も重んじたが、それ以上に、生活を重んじ、家族を大切にした。

清水さんが自分の人生に迷いを持ったのは、四十歳を前にした頃だった。

「このまま蒲鉾職人として一生を終えるのか」

仕事を一週間も続けて休むこともあった。

「いい小説を書いて、そっちの方で、食べられるようになるかもしれない。ぼくを信じてくれ」

と奥さんの良子さんに言ったりもした。それまで、府警察部、新大阪新聞社の青少年防犯歌公募に投稿し入選。昭和二十二年のこと、賞金五百円をもらった。奥さんはこの時助かったと言った。以後も、夏枝雨之助、藤木海二、球気大平などといった筆名で、夕刊紙にコラムの投稿をした。原稿料をかせいだ。いろいろ名前を変えたのは、同一人物と思われないためである。

奥さんが胸の病気をした時、ペニシリンが高かった。「いよいよ金がなくなったら、本を全部売ってでも、良子の身体をなおしてやる」と言った。

そうした筆名で、いわば原稿料かせぎのために書いた夕刊紙のコラムを、最近整理したと言って奥さんが、「こんなのを見せたら、おこられるかもしれんけど」と、見せてくれた。スクラップは、四、五冊あった。

前にあげた名前のほかにも、さまざまな名前を使っている。内容も、お得意の映画、娯楽はもちろん、時事、風俗、スポーツなど、実に幅広い。紙面も投稿者の投稿というよりは、かこみで五段もあるスペースの大きいものが多く、寄稿者の扱いのようにも思える。

清水さんには、詩や小説ではないが、原稿を書いて金を得る、それなりの自信もあったのに違いない。

蒲鉾の仕事でいえば、長兄勇之助氏の「いさみ蒲鉾」の、成長した子供たち、店で働くようになった甥が、清水さんを軽んじるといったゆき違いもあった。

兄勇之助は、二十二歳で独立。姉ます、も上阪、兄の店で働く。伊賀上野で床屋をしていた父熊吉、母りんを、兄が引きとる。母りんは、大阪に移り住んだ翌年昭和十年九月、正一二十三歳の時亡くなり、父熊吉は、その十五年後昭和二十五年、正一三十七歳の時七十一歳で亡くなった。

勇之助は小柄な正一と違い、体格の立派な、困っている人を助ける気概を持った人格者であった。一家の長として家族を呼び寄せ、先頭に立った。正一も兄を助け、香川県三豊郡財田大野の山川良子と結婚し、二児誕生、兄のもとで一家を作ったが、前にいう甥に叔父との溝が生じた。

感情のゆき違いはあったかもしれない。だがそれよりも、この時、清水さんはこれからの人生に対する方向を、思い悩んだのだと思う。男が迷う年齢である。

「わたしは、文学しているおとうさんが好き……、生活を立てながら、書いて行ってほしい」

と奥さんは清水さんに言った。そのことは姉ますの良人、藤本英雄氏も言った。うまく両立させろ、書いてはいかん、とは言わない、と。

藤本英雄氏は、十三で「丸松蒲鉾」を経営していた。姉ますは蒲鉾屋に嫁いだのだ。十三に来ないか、という話になった。「いさみ蒲鉾」を離れ丸松の十三公設市場の中にある販売店を、正一夫妻がやることになった。

昭和二十七年、福島区海老江中一丁目から、東淀川区（現淀川区）十三東之町三―四―七に引っ越した。家財道具は荷馬車で運んだ。淀川を渡った。長女伸美小学三年、長男勇一年であった。勇の名前は勇之助からとったものである。

新しい家は、十三の三軒長屋の向かって左はし、の小さな平屋であった。引っ越して犬を飼った。清水正一エッセイ集のタイトルは『犬は詩人を裏切らない』（一九八二・手鞠文庫）である。

清水さんの初めての詩集『清水正一詩集』が、編集工房ノアから出版されたのは、一九七九（昭和五十四）年十月十日であった。

私は夜、出来上がったばかりの詩集、数冊を持って清水さんの家に行った。ホームごたつのテーブルの上で、清水さんは詩集をなぜた。机の上に置かれたリリヤンがついた丸い傘の電気スタンドの光は、清水さんの目のあたりで影になっていたが、清水さんが涙ぐんでいるのがわかった。六十七歳で初めての詩集だった。

娘さんが結婚する時、詩集を出す時のためにそれまでためた金を、「その分、簞笥の一棹でも持たせてやりたい」と使った。

清水さんの通夜の時、勇氏は、「家族思いの清潔な一生であったと思います」と挨拶した。淡々と亡くなる前後を報告し、印象的であった。

奥さんの話では、結婚してから、三度、清水さんは家族をともなって伊賀上野へ墓参りに行っている。両親・長兄・清水家の墓は、伊賀上野西蓮寺にある。墓参りを終えると、城と公園、忍者屋敷、蓑虫庵、生家床熊の跡、など故郷を散策した。

清水さんの死後、本籍地を伊賀上野から十三に移す話が出たことがある。

その時、勇氏の奥さん照美さんが、

「お父さん、伊賀上野の話をよくしてくれた。本籍地を移してしまえば、お父さんの伊賀上野が消えてしまう」

と言って、本籍地をそのまま残した。

清水さんの墓地を広告で見つけたのも照美さんであった。購入金額も程が良かった。新しい居場所が、伊賀上野から十三からも遠く離れたことも、生活者である清水さんはなにごともなく受けとめるだろう。

墓参りの帰り、ついて来たほうびに、駅前の二階の喫茶店に入り、娘にクリームソーダをとった。

その娘も、今は二十歳。来年の一月十五日には、あの日見た娘たちのように振り袖を着て街を歩くのだろう。

十三・丸松蒲鉾店も、今はない。


（「PO」75号・創刊二十周年記念特集「清水正一」・一九九四年二月）

やちまたの人

二日前の足立さんと、『人の世やちまた』のこと

一九八五（昭和六十）年八月十四日午前九時八分、足立巻一さんが、入院中の神戸市立中央市民病院で亡くなった。

実は私は、その前々日、病院に足立さんを見舞った。編集工房ノアで編集中の足立さんのエッセイ集の初校があがってきたので、報告もあった。

私たちの周辺では、入院中の足立さんの身体にさしさわりがあってはいけないので、見舞いはできるだけ控えよう、という話があった。

だが奥さんの話や、それでも見舞いに行った人に伝え聞く直接・間接の話には、特に心配なものはなかった。入院したのも軽い心臓発作であり、この際検査もし、多忙すぎる足立さんの休養にも、といういたって軽い病状——というように聞いていた。

入院後しばらくして、原稿を書いている。電話もかかってこないし、冷房も効いているので原稿がよく書ける。昨日は何枚書いた。というような話も伝え聞いたりした。

ある日突然に、足立さんから電話があった。本人の声で一瞬びっくりした。病院内での散歩が許され、電話がかけられるようになった、と言われた。いつもより声が澄んでいるのがなぜかとも思ったが、気力のあるはっきりしたものであった。

その後、大部屋から移った個室は、風呂も付いていてホテルのシングルルーム並みで快適で、夏の間は家に帰りたくない、九月締切の「苜蓿」、「評伝竹中郁覚え書き」の連載原稿が書けるまでいたい。電話もかかってこないし、講演もことわれるし、仕事がよくできる、と言われた。今年の夏は特に暑かった。

エッセイ集に入れる自筆年譜も半分は病院で書かれた。四百字詰原稿用紙五、六十枚に及ぶ詳細な年譜であった。

七月二十七日、足立さんを見舞った梅田近代美術館の粂田恵子さんを介して、私はこの年譜原稿を受け取った。字に乱れはなかった。

その後の足立さんからの電話。病室には電話もついていて、こちらからも掛けられた。エッセイ集の校正刷ができてくることを言い、報告かたがたお見舞いの許しを得て、足立さんの著作の校正係をしている妻藤恵美子さんと二人で、八月十二日、病院に行くことにした。たのまれた『岩波国語辞典』を買って行った。

病室のドアはガラス張りになっていて、階の中央にあるナースセンターから中が見えるようになっていた。

「こっちや」

足立さんの方から声がかかった。足立さんはベッドの上に座り、上に渡したテーブルで原稿を書いていた。病室には足立さん一人だった。書いていたのは「思想の科学」の連載（「生活者の数え唄」）原稿であった。

足立さんは痩せていた。頬が落ち病院の洋風単衣から出た腿が見違えるほど細くなっていた。これまでは肩幅も広い、大食家の足立さんだった。

私たちは足立さんにゲラ刷を見せ、妻藤さんは二、三疑問点を聞いた。校正はすべて私方でするつもりであり、足立さんも電話では、まかせる、と言っていたので、そのつもりで念を押すと、著者校正もすると言う。こんな時に校正まで足立さんをわずらわせるつもりはなかったが、大丈夫だ、という言葉のままにゲラ刷を置いた。

あまり長居をしては、せいぜい十分くらい、と思っていた私たちに、足立さんが「ちょっと、時間あるか」という。何かというと、入院して世話になっている看護婦さんたちに、著書をサインして、もらってもらうのだと言う。

示された二つのダンボール箱は、それぞれ発行の出版社から送られてきた、『大と真』（理論社）、『夕暮れに苺を植えて』（新潮社）が入っていた。

足立さんは、十七人の看護婦さんに二冊の著書、合計三十四冊全部に、「感謝　〇〇〇〇様　一九八五年八月十二日　足立巻一」と署名した。力のこもった文字で、一気にした。私は文字を書くといつもの足立さんだ、と安心した。

「うちのは、こういうことあかんのや」

私たちが手伝ったのは、足立さんに本を開いて渡し、サインされた本二冊を、奥さんが書いた上書きのある袋に、それぞれ間違えずに入れていくという簡単な作業だった。手伝わそうと、ともかく足立さんは私たちを待っていてくれたのだ、と思う。

サインの終わった本をナースセンターに運び、ちょうど足立さんの散歩の時間がきて、私たちはそれを潮に辞した。

足立さんは、ひものついた歩数計を持って、廊下を弱い足どりで歩きはじめ、私たちは足立さんを見送った。それが最後の足立さんとなった。

二日後の訃報は信じられなかった。

その後、足立さんの四十九日忌にあたる日に、神戸で「足立巻一さんを偲ぶ会」（生田神社会館）が行われた。会で鶴見俊輔さんの話が印象的だった。

出演する文士劇の練習のために鶴見さんは東京に行ったのだが、その日は雪のため新幹線が五時間遅れた。劇の会場に行くと足立さんと一緒になった。足立さんも同じ五時間遅れの新幹線で来たのだった。足立さんの役は劇の進行とはほとんど関係のない端役で、新幹線でわざわざ神戸から、それも五時間遅れの列車でこなければならないことに思えなかったので、鶴見さんは驚いたという。

人は大事には馳せ参じるが、小事を見捨てる。足立さんは大事と小事の別なく、小事を大事にした人だ、と話した。

亡くなる二日前の、三十四冊の署名も足立さんの大事な小事ではなかったか。

病室に置いてきたエッセイ集のゲラに、足立さんの校正の朱は入っていなかった。校正はその後、三人の手を経て、最後私も見た。

このエッセイ集は、足立さん自身が、これまで新聞や雑誌に発表した膨大な量のエッセイの中から選び出しまとめたもので、出生から今日まで足立さんの歩んだ道がわかるように編まれた自伝エッセイである。中の原稿は、発表原稿に加筆されたものも多く、空白部分を埋め、一つの流れで全篇がつながるように編集にも力が入れられていた。前述の自筆年譜についても、しかり、である。

内容は、東京での足立さんの誕生（大正二年）間もなく、父菰川が急死し、母と離別、祖母も亡くなり、漢学者で生活力はない祖父敬亭に連れられて放浪、祖父の郷里長崎に至るが、祖父もあっけなく死に、親戚にあずけられ、その後、神戸の伯父の元に引きとられ、母親と一緒に暮らすことになるという幼年時代。関西学院中学部、神宮皇学館の学生時代。卒業後、教師（「神港商業」他）となるが、二度にわたる召集の軍隊時代。戦後は新興夕刊紙「新大阪新聞」の記者となる。十年勤めるが内紛により追われるように退社（四十三歳）。その後は、宣伝・放送・編集・雑文など、本人いう「それからは金になることなら何でもやった」足立さんの一生が表されている。改めて言うまでもなく、足立さんは自分史を中心とした伝記作家であった。詩人というより、やはり作家の体質であったと思う。代表作である『虹滅記』（朝日新聞社）は、父菰川・祖父敬亭と自身の幼年期をたどったものである。『親友記』（新潮社）は、小学校時代からの親友たちとの交流、青春を描いたもの。『夕暮れに苺を植えて』（新潮社）は、父のように慕った関西学院中学部の教師・池部宗七先生の伝記で、足立さんの中学部時代、何故神宮皇学館へ行くようになったかが書かれている。

『戦死ヤアワレ――無名兵士の記録』（新潮社）は軍隊での体験であるし、『夕刊流星号』（新潮社）は新大阪新聞のことで、足立さんがいかにこの夕刊紙に情熱を注いだかが書かれている。

本居春庭を書いた『やちまた』（河出書房新社）、晩年完結することのなかった『評伝竹中郁――その青春と詩の出発』（理論社）など、自分史でないものもあるが、すべてが自身の体験、関係の中から生まれてきていることに違いはない。エッセイ集にはそうした足立さんの一生が集約された。

足立さんの没後、奥さんと話をする機会があった。取材で頻繁に家を空ける足立さんに、奥さんがいくらか皮肉を込めて、

「そんなことまで、出かけないといけないのですか。ふつうノリとハサミがあったらできる、というのとちがいますの」

と言われたという。

足立さんはその時、そんなふうに物を書いている人もいるかもしれないが、わしにはできない、取材をして書くのがわしの流儀だ、と言われたという。

あくまで現場取材主義で、足で物を書くことを徹底した。体験を貴重にした。足立さんの著作を読むと、そのことがよくわかる。奥さんではないけれど、こんな些細なことまで、あるいは傍流まで取材されているのかと驚く。

「お金は、残りませんでした」

と、奥さんは笑われた。

校正作業をしていて、足立さんの文章の一字一句をなぞっていくと、足立さんの呼吸が伝わってきて、私の中に、いくつか想うことが生まれ、足立さんが私の中に入ってくるような気がした。

私が校正をしていてまず思ったことは、何も書くということを難しく考える必要はない、自分が書きたいと思うこと、書けることを書けばいいのだ、その中から自分を発見していけばよいのだ、ということだった。

足立さんにとって書かねばならなかったのは、祖父敬亭・父菰川であり、春庭であり、戦争であり、師や親友、人々との出会いであり、自分の目で見たものは自分で書かなければならない、という気持ではなかったか。

また、あらためて思ったのは、足立さんの文章のわかりやすいことであった。難解なところは少しもない。思わせぶりや、奇をてらったところ、歪曲もない。文章は呼吸のままの自然体であり、読み進むと、こちら側の呼吸が足立さんの文章の呼吸に知らないうちに重なっている。無駄はなく、あくまで的確でありながら、深い味わいがある。それになんともいえぬ文章から伝わってくる温かさは、足立さんの人柄であろう。芸術性を目指した文体ではないが、これは文章としてのひとつの到達だろう。

なぜこんなふうに的確に、自然な文章で書けるのだろう。それは足立さんに気負いや、衒いがなく、書くべきことの本質をとらえているからではないか。これは現場取材とも関係がある。頭の中で作りあげた文章ではなく、足立さんの場合、身体全体が文章なのだ。

そんなふうに思っていくと、私の中で蟠っていたものが、急に晴れていく、思いの高揚にとらわれた。

下手でもかまわない。何も上手に書く必要はない。自分の思うことを、人にわかるように書けばいいのだ、と思うと、救われた気持になった。

またこの本は、足立さんが編集しただけに、なぜ足立さんがこの文章を収録したかったかを考えると、足立さんの人生に対する考え方、思いが、浮かびあがってくる。

その一つには、本書には足立さんが師として敬愛した人々のことが詳しく書かれていることである。足立さんが敬愛したのは、学者としての功績を重んじるよりも、教え子への愛情を重んじる無欲の先生方であり、足立さんもそうした師たちに近づこうとして生きたのではないか。


エッセイ集は、『人の世やちまた』と名付けられ足立さんの四十九日忌、九月二十九日に間に合わせた（発行日日付は十月十日）。

最初足立さんは書名を「破れかぶれ」としていた。「破れかぶれの一生」の思いがあったのだろう。次には「縁は異なもの」をあげられ、それぞれに副題として「人の世やちまた」がつけられていた。「破れかぶれ」では切ない。私は最終的に『人の世やちまた』を書名とした。
足立さんはエッセイ集の冒頭に、「好きな言葉『やちまた』」をもってきているし、生前建立した墓に、「人の世やちまた」を刻んでいる。

「やちまた」とは、道がいくつにも分かれた所をいう。(略)
人生そのものが「やちまた」である。生きてゆくことはたえずいくつにも分かれた道の一つを選び、それを進めばまた「やちまた」に立たねばならぬ。「やちまた」の連続だ。人と人のつながりもいくつにも分かれながらつながっている。
(「好きな言葉『やちまた』」より)

私も、足立さんを呼吸した分だけ、足立さんのやちまたを生き、自分のやちまたを歩くことができればと思う。

(「樹林」248号・一九八六年二月)

出版者足立巻一

伝記作家で詩人の足立巻一さんが亡くなられて、七年が経つ。一九八五（昭和六十）年八月十四日。日航ジャンボ機が長野県山中に墜落した二日後の朝であった。巨星墜つの感があった。

足立さんは、自伝『虹滅記』、国学者本居春庭を書いた『やちまた』の代表作をはじめ、数多くの著作、詩作を残したが、一方で、編集出版者でもあった。

足立さんが編集出版者であったというと、どういうことか、とおもわれるかもしれない。足立さんが他人の本を編集し出版したのである。

まず第一は、児童詩誌「きりん」の編集発行であろう。足立さんは亡くなる間ぎわにまとめた自筆年譜の中で、

「児童詩誌『きりん』が井上靖の発案、竹中郁の監修で大阪尾崎書房から創刊され、井上のすすめで編集に参加して童話を発表、同人の、坂本遼・尾崎橘郎・星芳郎・浮田要

三・藤本義一らと親交を重ね、児童詩運動が終生の一事業となる」と書いている。井上靖は尾崎に、

「今一番に必要なのは、子供のための美しい雑誌なんだ」と言い、竹中郁を紹介した。昭和二十三（一九四八）年二月、焼け跡の残る大阪の街から、表紙はカラーで、小磯良平、小松益喜といった一流の画家が絵を描き、子供たちの詩を収めた、美しい雑誌は出た。

「きりん」は、長く続いたが尾崎書房の手を離れ、理論社に移り、昭和四十六年、通巻二二〇号で終刊となった。が、足立さんは最後まで力をつくした。理論社に持ち込んだのも足立さんだった。理論社では累積赤字を抱えたが、「きりん」の中から、ベストセラー作家・灰谷健次郎が出た。

足立さんは、「きりん」を中心としたさまざまな単行本をも編集刊行している。「きりん」を選した単行本『全日本児童詩集』三集（尾崎書房／むさし書房／創元社）は、フランスで日本一の良書と紹介された。別に『きりんの本』（理論社）三集も出した。

『夕暮れに苺を植えて』『人の世やちまた』で、足立さんは恩師のことを書いたが、恩師の歌集（『池部宗七歌集』他）や伊藤正雄『近世の和歌と国学』他、を自ら編集し刊行した。亡くなった先輩友人詩人の詩集（『岬絋三詩抄』『福原清詩集』）の編集刊行も、自分

の仕事として、進んでした。

最後は、竹中郁さんの仕事であった。自身で評伝を書く傍ら、次々竹中さんの本を出した。杉山平一さんと共編した『竹中郁全詩集』（角川書店）の他、エッセイ集『消えゆく幻燈』（編集工房ノア）『私のびっくり箱』（神戸新聞出版センター）、少年詩集『子ども闘牛士』（理論社）。それぞれの出版社をつかみ、資金集めもした。

昭和六十年四月、「竹中郁没後三周年友情の小品展」（梅田近代美術館）を開催。小磯良平、伊藤継郎、須田剋太、津高和一、中西勝、石阪春生、新宮晋、中村貞夫、富士正晴、杉山平一各氏の友情の書画を得て、販売。全部足立さんがした。


（「ゆうひがおか――大阪府立夕陽丘図書館だより」55号・一九九二年八月）

ひょうたん島の詩人

桑島玄二さんが、大阪阿倍野の鉄道病院に入院したのは、四月十六日（一九九二年）のことだった。

その日の午後二時、入院につき添った原三佳さんが、私の事務所を訪れた。原さんから入院の様子は聞いたものの、桑島さんの状態を自分の目で確かめておきたい気持があって、翌十七日金曜日午後三時、鉄道病院へ行った。

鉄道病院は、天王寺駅の東南の三叉路の角にあった。私は以前、長居に住んでいたことがあるので、見当はついていた。

深夜の帰宅に、天王寺駅からタクシーに乗ると、駅前を左折し、次の三叉路で右折し、南へ、昭和町、西田辺、長居と道はのびている。私は天王寺駅から南の長居に行くのに、なぜ道が真っ直ぐでないのか、納得がいかなかった。私のイメージの中では、天王寺から長居への道は、南への一直線のはずであった。

どこで方角が曲折しているのか、天王寺駅東南の三叉路が問題であることはわかった。三叉路を右折すると、車のヘッドライトが左側、三叉路の角地にある並木と建物を、闇の中に照らし出した。その病院の建物に、今桑島さんが入っている。

病室は、三階の西側、つまりヘッドライトが照らし出したところにあり、窓からは天王寺駅の端が見えた。窓辺には並木の緑もあり、さわやかな風が入ってきた。あべの交差点の騒音はここまでは届かない。

個室で、奥さんと、吉井美千子さんがいた。吉井さんは、桑島さんが教授であった大阪芸術大学の事務局に最近まで勤め、桑島さんが「世話になって頭が上がらない」という人だった。

奥さんとは初めて会った。色が白くて、目が大きく、明るい感じである。意外だった。これまで桑島さんの話からは、病弱で陰気な女性を想像していた。いささからしくない桑島大学教授より、奥さんの方が立派に見える。

宮崎修二朗さんが、電話で、

「悦っちゃん、でっか」と言った。
「〝外で私のこと、どうゆうてるの〟と怒っとったで」と桑島さん。
「〝二階のおじさん電話――〟と言うんや、二階と下の別々の生活や」とも言った。

桑島さんは、聞いたように、顔や手足に黄疸が出ていた。身体もむくんでいるようである。桑島さんは誰も知る太鼓腹で、外見からも健康体とは見えず、本人も以前から不調を言ったが、特に昨年夏から、しんどがった。糖尿病だと言う。医者にもかからず本人が勝手に言っているのだ。のどが渇いてウーロン茶ばかり飲んでいる。体重がどんどん落ちる、という。周囲の者は入院をしつこくすすめたが、聞かなかった。

秋（一九九一年十月六日）には、書肆季節社から出た詩集『旅の箇所』の出版記念会（大阪ガーデンパレスホテル）もした。一四〇人の会だった。

今年の一月に会った時は、瘦せてのどのあたりにしわが寄り、急に衰えた感じなので、どうなのかと思った。

だが日を置かず次に会った時は、顔にも張りがもどってきていたので、少し安心した。

「今の事務所に移ってもう何年になる」

病床の桑島さんが言った。

私はそんなことをなんで今、と戸惑いながら適当に答えた。

「四年、ですかねえ」、実際には五年。

今の事務所というのは、それまでのビルを立ち退きになり、探した小さな家のことで、裏がプレス工場であることを移るまで知らなかった。

移ってみると、打ち抜きの、ドスン、ドスンという大きな音が、台所のガスコンロまで揺るがす。びっくりしたこの音を、

「なつかしい音や」と言ったのは桑島さんだった。生家・香川県白鳥町のうらが手袋製造の打ち抜き工場で、一日中この音がした。

「はげめよ、はげめよ、と聞いたらいいのと違うか」と言った。

「お互いに、波瀾万丈やったなあ」

私はあれあれ、と思った。そんな改まったこと言わないでください、まだまだこれからやないですか。

それに、私のこれまでの人生が波瀾万丈だっただろうか。いささか紆余曲折はあったか

もしれないが、波瀾万丈とまではいかない。

波瀾万丈とは桑島さん自身のことであった。


義兄の手袋製造業を手伝うが、倒産するのもその一つである。職業、職場も転々とする。大阪芸術大学の助教授になったのが六十歳、一九八四年のこと、翌年教授になった。入院一カ月後、容体が悪化、混迷状態となる。血小板の交換始まる。血液の入れ替えを、

「誰の了解を得てこんなことするんや」

「ひょっこりひょうたん島へ行きたい」

と桑島さんは言った。

足立巻一さん亡き後、私たちは桑島さんを中心に集まった。身近でありすぎ、私には、胸のあたりしか見えていない。詩人桑島玄二をとらえるには、もう少し距離と時間が必要だろう。


（「輪」72号・桑島玄二追悼号・一九九二年十一月）

最初の葉書と最後の葉書

庄野英二さんに、私がはじめて会ったのは、一九八三（昭和五十八）年六月二十九日、大阪駅前第三ビル三十三階の中国料理店「摩天楼」で行われた足立巻一さんの「古稀の会」であった。足立さんと親しい者二十名程が集まった。庄野さんは私とは別のテーブルだった。私は自分から進んで足立さんに庄野さんを紹介してもらった。

「摩天楼」で初めて庄野さんと会ってから、特に足立さんの関係した会でその後も、私は庄野さんと何度か顔を合わせているはずである。

足立さんが中心になって行った一九八五年四月六日「竹中郁追悼出版記念会」（梅田近代美術館）にも庄野さんの名前がある。

すでに初対面でないにもかかわらず、庄野さんは私を紹介してほしいと言って、大谷晃一さんを介された。

四月二十日（一九八五年）、中之島の大阪グランドホテルの中にある「竹葉亭」に招待され、三人で食事をした。この「竹葉亭」は、庄野潤三氏の小説にも出てくる、兄弟のなじみの店である。潤三氏は、兄の密葬に来阪した時もグランドホテルに泊まった。「兄が旅をさせてくれた」と言った。

私を紹介、というのは、出版のことである。その後七月五日、ノアのある中津の東洋ホテルで、庄野さんと初めて二人で会い、十一月の誕生日に合わせて出版する詩画集『たきまくら』の原稿を受け取った。

「私は、せっかちで」

庄野さんは、最初にそう切り出した。

「私の父は、東京から帰るのに、特急より普通が発車時刻が早ければ、待ちきれずに普通に乗ってしまうという人間で、父親ゆずりなのです」

十一月発行であれば日数は充分ある。

「急がすわけではありませんが、予定はどのようになりますか」

と庄野さんは、確実な日程を問いただした。

「足立さんのお葬式大層お世話になりました。ゲラまだですか？　昨年『人文』（人文書院）さんは『二ケ月で大丈夫』と引き受けて、丸四ケ月以上かかりました。鶴首しています。」

八月二十二日付、開田村末川から届いた速達の葉書である。庄野さんは夏の間木曽開田高原で仕事をする。ひときわ鶴首を大きく書き、首のくびのところをさらにのばしている（八月十四日、足立さんが亡くなっていた）。

『たきまくら』は、無事期日に発行され、庄野さんの招待による誕生会が、十二月七日グランドホテル地下のレストランで行われた。

親しい人々を招待して食事会をするのを、庄野さんは「王侯貴族の楽しみ」と言って楽しまれた。

ひと安心は束の間で、『たきまくら』の後には、高まくらもできぬほどに、次々の出版がひかえていた。強烈な突っ張りと押しを、できるだけいなそうとしながらも、押し切られるのである。

「出港旗　なぜこんなに仕事がおそいのですか、四月の授業に間にあうのでしょうか」
『出帆旗』出版の時の葉書である。腹立ちまぎれのものだと思え、差出人の名前も、日付もない。港と帆を故意にか間違えている。庄野さんの仕事だけをしているわけではない。四月の授業（帝塚山学院大学）には間に合っている。

一九八六年は、なんと庄野さんの本だけで四冊、八七年、八九年、九〇年には各々二冊、合計十三冊を出した。

酒のお供、もした。大谷さんは酒を呑まないし、杉山平一さんと馬鹿な話も出来ないし、と言われた。

焼き肉屋にさそわれたこともある。スケッチ教室に通う道筋の焼き肉屋に、一度入りたかったのだと言う。てっちり屋では、足りない分のお金を私が払ったら、奥さんまでが「借金をして」と言われた。

「君は若いから、やりたいほうだいでしょう」

と庄野さんがいう。

「なにを、やるんですか。できるわけないでしょう」

と私。庄野さんは女性の観察も速射砲であった。一瞬に三六〇度、どんな女《こ》がいるかスケッチの感覚で見てとった。


病院には行きたくなかった。大谷さんから「〞ノアが来ない〞言うてる」と言われ、手術を控えた、九月（一九九二年）二十八日午後大阪府立病院へ行った。個室のドアを開けると、元気な庄野さんがベッドの上に座っていた。退屈で丁度よい時に来てくれた、と言われた。

「けっこうなもので、一日五、六回若い看護婦が来て、血圧や脈をはかっていく。若い時だったら、こっちも手をにぎって、看護婦の脈を見てやるんだが……」

「毛をそられて、はずかしかった。小便をとるのに、コンドームのようなものをかぶせるのかと思っていたが、尿道に管をつっこむ、最初もれるような感覚があった。女性の場合どうするのかなあ」

小一時間、私は庄野さんの話を聞いた。久し振りにいい時間だと思った。

六階の窓からは、北に拡がる大阪市街が見渡せた。

「夕方になると、飛行機が五分おきに、降りていく」

「手術の時、目が開けていられたら、医者がどんなふうに手術をするか見ているのに」

とも庄野さんは言われた。

帰りの病院の玄関で、「この日のことは忘れないでおこう」と私は思った。空のタクシーが何台も並び、黒い制服の運転手が群れているのが、不吉に思えた。

庄野さんから、すぐに葉書が届いた。

「気楽な放言雑談ができて、ありがたいお見舞いでした。十月五日の手術さへ終われば、あとは気分的に安心です。」

（「文学雑誌」67号・庄野英二追悼号・一九九四年五月）
＊庄野さんは手術翌年の一九九三年十一月二十六日亡くなられた。七十八歳。翌一九九四年十月三日、遺稿集『徐福の目はり寿司』発行。

夕映えの人

今日、歳暮に、兵庫県市島町竹田の酒「小鼓」が送られてきた。東秀三さんが好きだった酒で、早速電話をして「寄ってくださいよ」と言うところだが、今はかなわない。

市島町竹田と言えば、磐座と石庭（重森《しげもり》三玲《みれい》作）で知られる石像寺がある。故足立巻一さんは、石を訪ねる旅で、石像寺を訪れている（「磐座《いわくら》めぐり」『石の星座』）。

東さんの最後の著書となったのが『足立巻一』（一九九五年八月）である。私が創元社の東さんを知ったのも足立さんを通じてであった。

東さんが、編集者から本格的に作家へと転じたのは、定年後である。

学生時代、スポーツ新聞懸賞小説に応募し入選（テニスの話を書いた）、同人誌「ＶＩＫＩＮＧ」の年少の同人となり、富士正晴さんに可愛がられた、いわば才能豊かな文学青年であったのだが、編集者となり、筆を断った。

「編集者は、自分の文章を書いたらあきまへんで」と東さんは言い、編集者に徹した。定年後の堰を切ったような、奔流のごとき執筆活動は、三十三年間、抑えに抑えていたものが、一気にあふれ出した、と思えた。

『淀川』『中之島』『大阪文学地図』『神戸』が矢継ぎ早に、ノアから出版された。一方、トラベルライターとして、『山陰』『大阪』『神戸』のガイドブックの仕事もあった(実業之日本社)。

府立文化情報センターで行われた、講座「杉山平一」のコーディネーターに請われた時、一冊の伝記に匹敵する原稿を書いて、東さんはのぞんだ。

『足立巻一』は、足立さんを偲んで八月第一土曜日に開催される「夕暮れ忌」に、合わせて出版した。会の中で恒例となっている追悼の講演を東さんがすることになっていた。この日、東さんは、高槻の病院から三男信人氏に付き添われて神戸の会場に出た。

この『足立巻一』の原稿は、「別冊關學文藝」に「夕映え――足立巻一覚え書き」のタイトルで掲載された。が、

「晩年になるほど輝きをます巻一の生き様から、――のタイトルで連載したが、同じ編集

工房ノアからすでに直井潔氏の『夕映え』が出ている。これまた巻一をとおして知ったわたしの好きな神戸の作家である。異論なく表題をかえた」(「プロローグ」)の経緯となった。加えて、私には足立さんを「夕映え」と呼ぶには、少しだが抵抗があった。今でもこの本の題名は『足立巻一』で良かったと思っている。

しかし、さらに思うのは、東さんは足立巻一を生きようと思った。むしろ「夕映え」を足立さんに冠せるより、自分の人生に対して「夕映え」の思いを載せたかったのではないか。そうすると、「足立巻一が書いた事実」をもとに書いたという、ストイックな伝記の方法もわかるのである。

「書きたいものは書いた」

と東さんは言った。だが、噴出が終わった後、『足立巻一』を契機とした新しい文学領域への淡々とした再出発があったはずである。

その体型のままにエネルギッシュであった作家東秀三の六十二歳はあまりに唐突すぎた。

(「文学雑誌」70号・東秀三追悼号・一九九六年三月)

＊東秀三、一九九五年九月二十八日、午後三時六分永眠。

装幀好き——天野忠さんの十三冊の本

本を作っていて、著者には自著の装幀に関心の高い人と、さほどとらわれない人がある。編集工房ノアでは天野忠さんの本を十三冊出した。詩集が八点。随筆集が五点。生前に十点が出て、亡くなられた後、三点出版した。*

天野さんは、装幀好き、であった。細かく注文をつけるわけではない。出されたものを、そのまま受けとめながら、どんな装幀で本が出来上がるかを楽しんでいる。これはいや、こうして欲しい、ではなく、装幀について話し合う。その中でお互いの呼吸のようなものが生まれてゆく。

御自身の本の装幀を離れても、いろいろ話をした。天野さんは、出版社（和敬書店、圭文社等）の編集者であったこともあり、古書店（リアル書店）を開いていたこともあった。

自ずと装幀（造本）が身近にあった。

野田書房、第一書房などの本の装幀の話をもされた。古書店時代に「大方は売ってしもたのやけど」と言いながら、売らずに残している愛蔵本を見せてくれた。その中に第一書房、萩原朔太郎『氷島』の初版本もあった。

天野さんと、あれこれの出版社、本の装幀の話をするのは楽しかったが、最初からうちとけた楽しい時間が持てたわけではない。


天野さんのわが社での第一冊は、詩集『讃め歌抄』で、奥付は一九七九（昭和五十四）年五月の発行となっている。ノア創業四年目にあたる。

大野新さんに連れられて、京都下鴨、洛北高校の北に位置する北園町九十三番地、路地の奥にある天野さんの家へ初めて行った。大野さんは、天野さんが公私共にもっとも信頼する人である。二年前に、大野さんの評論集『沙漠の椅子』を出していた。この書名は天野さんが名付けた。

天野さんは、私を見て、「こいつ大丈夫か」という表情を露骨にされた。はっきりと、顔に出した。すでに手元に、完全に整理された原稿を用意されていたので、私を見て渡すのが不安になったのだろう。

私は、大人であるこの年齢の人がこうまで不信をあらわにするものか、と戸惑った。が、詩集の仕上がりで応えるしかないと思い返した。この時天野さん六十九歳。私、三十二歳。

この詩集の判型はA五判変型。天地は正寸だが、左右を一〇ミリカットし、細身とした。以降、天野さんの詩集は大方、このサイズにしている。私は詩集の場合、このサイズが好きなのだ。

装幀は粟津謙太郎。創業当時は粟津の装幀が多く、ノアカラーとなっていた。粟津はブックデザイナーというより銅版画の画家で、自分の絵を使って装幀をする。

絵は、床几に座る二人の女性が描かれ、一人が賞杯をかかげている。「讃め歌」たるゆえんか。二人のバック、カバー平面の全体に、ギリシア文字らしきものが色を変えて、大胆にあしらわれている。

帯文として、大野さんが『沙漠の椅子』で天野さんについて書いた文章の一節を使った。西脇順三郎を迎えた南禅寺での会で、天野さんの発言。

「京都弁では、話す前にあいてに、『あんなぁへ』といいます。『あのね』というような、せきこんだいい方とはちがって、これから話しますが、あなたは心の用意ができていますか、……とあいてに構えをうながす発想です。庭でもそうですな。いきなりずかずか来られる裸のつきあいはかなん。一歩さがって縁にひかえてもらって、しずかにみていてほしい。あくまで一定の距離をとってもらいたい、というのが京都人気質ですわ」

といい、ちょっと間をおいて

「庭は便所の窓からみるのがよろしいな。庭が油断してますさかいに」

と結んだのだが、この会話の妙、芸的な仕上げ……。（「天野忠の京都人的表現」）

大野さんがとらえた天野さんのこの場面が、何より天野忠の詩の世界、人物のあり方を表している、と私は思った。印刷は活版印刷。

後の随筆集『木洩れ日拾い』には、天野さんの自筆年譜が付いて、一九七九年の項には、五月に詩集「讃め歌抄」（編集工房ノア）刊行。株式会社編集工房ノア主人の若い涸沢純平を識り、以後同社から著書の出版が多くなった。

と記されている。この後、一九八一年に出版した『私有地』で、読売文学賞を受けるのだが、全体の統一は別にして、個々の詩は『讃め歌抄』の方にすぐれたものがある、と私たちは話した。そのことがあったからだと思う。

私の手元に、天野さんから贈られた『ぶらんこあそび』天野忠詩集（限定壱部也）と表描きされた一冊の本がある。内の但し書きに、——天野忠詩集「讃め歌抄」抄（はり絵・しゃしん・切抜きなどいろいろあり）限定一部也——。

詩は「讃め歌抄」の中から十九篇が選ばれている。詩は一篇一篇手書きである。天野さんの線描の絵が随所に入っている。その他、雑誌や印刷物から切り抜いた東西の名画・写真が貼ってある。絵だけの頁、写真だけの頁もある。詩と絵が見開きで組み合わせてある頁もある。天野さんは映画好きでもあったが、スタイケンが撮った「グレタ・ガルボ」の写真も、見開きを使っている。

つまり、天野さんの手書き手作りの、一冊きりの詩画集なのだ。A四判のスケッチブックで作られている。奥付発行日は、一九八五年七月十三日。忠の落款も押され、奥付の上には馬の絵馬の写真が貼ってあるという凝りようである。天野さんが楽しんで作られた様子が目に浮かぶ。

改めて編集工房ノア刊行の天野さんの著作をあげると、
『讃め歌抄』（詩集）一九七九年五月
『そよかぜの中』（随筆集）一九八〇年八月
『私有地』（詩集）一九八一年六月
『掌の上の灰』（詩集）一九八二年八月
『夫婦の肖像』（詩集）一九八三年九月
『続天野忠詩集』一九八六年六月
『木洩れ日拾い』（随筆集）一九八八年七月
『動物園の珍しい動物』（詩集）一九八九年一月
『万年』（詩集）一九八九年二月
『春の帽子』（随筆集）一九九三年二月

＊

『耳たぶに吹く風』（随筆集）一九九四年十月
『草のそよぎ』（随筆集）一九九六年十月

『うぐいすの練習』（詩集）一九九八年二月となる。アステリスク以降は、遺稿集である。

『そよかぜの中』は、ノアではじめての随筆集、粟津謙太郎の装幀。蜂が飛んでいる絵。粟津の得意の小動物である。のびのびしている。編集・校正を、亡き黒瀬勝巳に手伝ってもらった。黒瀬は世界思想社に勤めていた。帯文は、鶴見俊輔氏。

『私有地』装幀も粟津謙太郎。読売文学賞（第三十三回）を受賞した。

『掌の上の灰』は、京都新聞に「日に一度のほっこり」として一カ月連載した詩を収めた。掌の上の灰のように軽い詩、ライト・ヴァースと称した。漫画家の滝田ゆう氏に、「西の庶民派の詩に、東の庶民派の絵を付けてください」とたのんだ。カバーの絵は、細かく線描された古い長屋とおぼしき家の前に、お下げ髪の少女が影で立っている。本文中にも、絵が何点か入っている。この本は、絵が入るために、文字は活版で組み清刷を上げ、オフセットで印刷した。

『夫婦の肖像』は、天野さんのこれまでの詩の中から夫婦に関するものを自選してもらった。「結婚より私は『夫婦』が好きだった。しずかな夫婦が好きだった」という世界。装幀は平野甲賀氏で、書名、著者名の切り文字のデザインである。この装幀は平野氏自身の作品集に収められている。跋文は富士正晴さん。

天野さんは、この本の装幀を「さっぱりとした塩味」と評した。マーガリンのコマーシャルで「さっぱりしているから、好き」というのが流行っていた。

『続天野忠詩集』は、永井出版企画から出た『天野忠詩集』(一九七四年)以後の五冊の既刊詩集を収めた。A五判正寸函装、五二〇頁。装幀は粟津謙太郎。口絵に竹中郁さんが描いた天野さんの横顔を入れた。毎日出版文化賞(第四十回)を受賞した。この賞は著者と共に出版社も表彰される。ただし出版社に賞金はない。

二人で出た授賞式の帰りの新幹線の中で、天野さんから封筒を渡された。

「追加で送ってもらえますか」

贈呈者の名簿である。天野さんの親しい人への贈呈は、すでに出版時に済んでいる。何カ月も後の受賞である。封筒の中にはお金が入っていた。

「貧者の一灯です」

と天野さんは付け加えた。

『木洩れ日拾い』は随筆の叢書「ノア叢書」の十一番目で出した。自筆年譜が付いている。森毅氏が朝日新聞書評で「こういう本に出会えることは書評委員冥利」と絶賛し、良く売れた。装幀の絵は栗津。

『動物園の珍しい動物』は、『クラスト氏のいんきな唄』（文童社）として初版されたものの再々刊。天野さんが年譜で「この書に未練たっぷりで未だに更なる改題増補版を出したい気持ちがある」と書かれているのを受けた。限定本にした。三五〇冊。この詩集の判型は他と異なりB五判の変型で、天地を短く正方形に近くしている。函入りで、装幀は天野さんがした。大野新さんの解説（「クラスト氏の行方」）を栞にした。

『万年』は、天野さんの毛筆による書名題字を使った。

『春の帽子』は、生前出版の最後の本。天野さんは大津市民病院に腰の靭帯手術のため入院（一九八八年十一月二十八日、七十九歳）したが、手術の造影剤の事故で逆に下半身不随になった。入院生活までが書かれている。装幀・栗津謙太郎。


この病院の五階の休憩室の窓から見たしずかな琵琶湖は、畳を敷いたようにおだやかである。しっとりとしたその畳の上で、思いっきり、この棒ぎれのようになった両脚を投げ出して昏々《こんこん》と眠りたいものだと思った。

（「湖まで」）

天野さんの永眠は、それから五年後の一九九三（平成五）年十月二十八日。

『耳たぶに吹く風』という書名は、「好きなことばの中に耳たぶがある。……『耳たぶを吹く風のような溜息を洩らした』という三浦哲郎の文章の中のことばもいい」の中から採った。三浦哲郎氏に手紙を書いた。奥さんから、お使いください、の電話をもらった。

『草のそよぎ』も、文章の中の「時間という草のそよぎに頬っぺたを吹かれているような老年」（「老年」）から採った。『耳たぶ』の装幀は、天野さんの絵、『草のそよぎ』は、天野さん自筆の原稿用紙の右の文章の箇所を使った。大野さんが安く上げたな、と笑った。

『うぐいすの練習』は、詩稿と共に、天野さん自身が作った目次も残されていた。これを基本に、未発表詩をいくつか加えた。装幀は最初に還って粟津謙太郎。生前天野さんから預かった原稿、出版できうるすべてを出し終えて、いささかの感慨があった。

私の出版人生で天野さんから受けたものは、あまりに大きい。後は『天野忠全詩集』出版が残されている。天野さんは全詩集が出版されることを信じている。その装幀を楽しみにしている。


（「ラ・ヴュー」15号・特集装幀談義／造本の周辺・二〇〇三年十二月）

＊『天野忠随筆選』山田稔選、を二〇〇六年十月発行。

夫婦の肖像

この原稿を書くこととは別に、編集工房ノアで出版した、天野忠詩集『夫婦の肖像』を読むことがあった。

この詩集は、帯に「夫婦を主題にした自選詩集」と示しているように、単独の詩集ではなく、天野さんの詩集の中から夫婦を題材にしているものをとり出して集め、一冊にしたアンソロジーである。

天野さんと話していて、谷川俊太郎編『祝婚歌』の話が出た。この詩集は何人もの詩人の「婚歌」を集めたもので、結婚式の引出物に使われたりして、良く売れているらしい。それならば、天野さんの「夫婦詩集」はどうですか。私はすぐに、「結婚よりも私は『夫婦』が好きだった」という、詩「しずかな夫婦」の一節を思い浮かべた。その他あれやこれや、天野さんは夫婦の詩を沢山書いている。天野さんの詩だけで優に一冊になるのではないかと思った。

天野さんの既刊詩集十一冊の中から、これはと思うものを拾い出し、天野さんの自選を経た三十五篇を収録した。

元々遊び心から生まれたので、これまでの単独詩集とは別の気持で、富士正晴さんに、跋というか添え文を書いてもらった。富士さんは、

老いを生きることは、必らずしも寂しく苦しいばかりではないのだということを悟ることはうれしいことであろう。そのような滋味を天野忠はこの詩集の各所にしたたらせている。……別にこれは変ったことではなく、世間普通の夫婦の老いるさまで、努力がいるわけでもなく、大したことではありまへんといっているみたいだ。……いや、なべぶた仕合の塚原卜伝みたいなこの詩人のさり気ない落ち着きようは羨むに足るであろう、やはり。

（「この詩集の落ち着いた楽しさ」）

と老いの達人、夫婦の達人と書いている。歳月を経た夫婦のユーモアをまじえた滋味の

一冊となっているのである。
ところが、今度ぱらぱらと目を通して、意外な一篇を発見した。当然私が選び出し、読み直しもしているはずで、発見というのはおかしいのだが。この時私はこの詩を、どんな思いで読んでいたのだろう。

夜中に起きているのは
事務用椅子になじみきった腰と
ミシン仕事で日暮れまで動いていた
つめたい足。
夫婦というのは
年中ソロバンの音のする机に縛られた腰と
いつまでたっても温もらぬ油気のない足と
だけではない。
眼やにをつけたまま
腫れぼったい、不愍な

からだとからだが抱きあって　ひととき
夜のパンを喰いちらす部分がある
未熟な
しめった
いつでも不釣合な情熱
その侘しさを見まいとして
めいめいで作った暗闇の中へもう一度
けんめいにもぐり込む
その部分がある。

「夜のパン」と題された詩全行。「夜のパン」とは……。塚原卜伝の達成も、静かな夫婦の滋味、ユーモアもない。むしろ生活に疲れた夫婦のしめった暗闇が、路地裏の家をおおっている。

初出を見ると、一九五八（昭和三十三）年発行の『単純な生涯』となっている。随筆集『木洩れ日拾い』に収録されている自筆年譜、一九五八年の項を見る。

九月に詩集「単純な生涯」（コルボウ詩話会）刊行。このころから愚かなまでに深く「年齢」というものにこだわるようになった。と同時に転身（心）を考えはじめた。鏡を見ることを怖れる。このころから腎臓病に苦しみ、奈良へ通勤しながらの長い闘病生活をつづけることになった。

この年、四十九歳、老いのトバ口で、病んでいたのだ。

私が天野さんの一冊目の詩集『讃め歌抄』（一九七九年）を出版したのは、天野さんは六十九歳で、すでに塚原卜伝のたたずまいであり、若い頃から若年寄りと言われていたとも聞いていたので、若年寄りから何事もなく自然に老熟されたものと思っていた。

そういえば、詩史年表といった本の中で、「天野忠」が「天野患」と誤植された。その頃私は患んでいたが、再版の時、直されたしと天野さんが言ったところ、著者は「再版の見込みなんかありません」と応酬したという話を聞いたことを思い出す。

単独詩集『単純な生涯』をとり出す。「あとがき」に、ずっと長い病気をしていて、……このへんで一区切りつけたい思いで、この貧弱な私の当時の決算書を作ってみた。……ひょっとしたらこれでまた別の世界へ行けるかも知れない。五十才に間近い年令になって、まだこんなに性根のきまらない自分の仕事をひとめにさらすことが、私にはかえってひどく痛快に思える。

老いのトバロのみならず、天野さんの病気は、ずっと長かったのだ。不本意な仕事の事務用椅子に座り続けた身体の傍に、日暮れまでミシンを踏み続けたつめたい足があった。この詩集の扉には、

秀　子　に

と奥さんへの献辞がある。

さらに年譜三年後、一九六一年の項。

十月に詩集「クラスト氏のいんきな唄」を自費で刊行。この粗末なタイプ印刷の詩集を出したことで、長い精神の鬱血状態から放たれたようなほどよい解放感があった。

と記されている。長い闘病生活からとき放たれた。この天野忠に転身をもたらした詩集『クラスト氏のいんきな唄』は、一九六六年に改題増補版『動物園の珍しい動物』として大野新さんがいた文童社で復刊される。さらに「この書に未練たっぷりで未だに更なる改題増補版を出したい気持ちがある」と自筆年譜に書かれているのを受けて、一九八九年一月にノアで『動物園の珍しい動物』再々刊をした。

この本の装幀は天野さんが自らした。B五判の変型で、天地左右をカットして、正方形に近い判型にしている。函入りで、函にあしらった線描の絵も、本文に挿入した絵も天野さんのものである。この詩集の成立をのべる（この文章がみそなのだが）自身の序文は、朱の罫でかこまれていて本文のスミと二色刷になっている。潮流社の詩集がそうなっているのをうらやましがられていたのだ。奥付には、「忠」の字を自書した印税紙を貼りつけ、三五〇冊の限定版とした。天野さんの希望をすべて実現した。別刷で大野新さんの解説

「クラスト氏の行方」を加えた。

この詩集のしかけ、とは。序文「クラスト氏のこと」は、「奇妙な外国人と夜店の古本屋の前で知り合った」ことからはじまる。私は「近くの『びっくりうどん屋』へ入り、私のおごりで一杯十銭の大盛りうどんをたべた」。「君はポエットか？」「『たぶん私は詩人だろう』と照れくさそうに答えたその異国人は、別れしな私に、自分の詩をタイプで打った十枚ほどのよれよれの便箋を呉れた」。「戦時中に無くしてしまったと思い込んでいた」ものが、ひょっこり出てきた。それを訳して「出来上った」「おそらく地下のしずかなところに居るクラスト氏も微笑むことであろう」と結ばれている。

クラスト氏がもう一人の天野さんであることは言うまでもない。天野さんが自ら、この詩集を書くことで、解放され、転身（心）をもたらされたというしかけである。自己を客体化することで、その後の軽みを得たのではないか。もちろんそうした通り一遍のことだけではないだろうが。天野さんの一生の詩の世界の中で、この詩集がどんな意味を持っているのかは、大野新さんの文章を読まれたい。

話は飛ぶ。一九八六年六月十八日、この日は天野さんの誕生日、編集工房ノアから出版した、五五〇頁の『続天野忠詩集』が、第四十回の「毎日出版文化賞」を受賞した。この賞は、出版社も著者と共に表彰される。天野さんと二人、日帰りで授賞式に出た。その前に『私有地』で読売文学賞を受賞した時は賞金も多く授賞式も派手で、大野さんはじめ周辺の者が泊まりがけで出かけた。毎日出版文化賞は授賞式も新聞社内であり、万事地味だった。（一九八六年十一月十三日）

授賞式後のパーティーは、同ビル内のレストランで行われた。私は東京の出版関係の人、二、三人に出席してもらっていた。同時に特別賞を受賞した金時鐘さんや取りまく人たちとも顔なじみだったので、呑み食べ談笑を楽しんでいた。天野さんが私の袖を引っぱる。

「カラサワさん。そろそろ帰りまひょ」

と言う。パーティーに入って、それほど時間が経ったわけではない。私はまだ未練いっぱいである。しかし今日は天野さんの日で、私はお供なのだから、と気持を断ち切った。帰りの新幹線、天野さんと並んで座った。

名古屋が近づいて、天野さんから封筒を手渡された。「追加で送ってもらえますか」『続天野忠詩集』の贈呈先の名簿が入っていた。天野さんがいつも贈られる人たちへの贈呈は、すでに本が出た時に済んでいる。改めての贈呈分の著者買取りのお金が入っていた。

「貧者の一灯です」

と天野さんは、付け加えた。

天野さんが、脊椎の黄色靭帯骨化症の手術で大津市民病院に入院したのは、一九八八年十一月二十八日のことだった。手術のための検査のドイツ製だという造影剤の事故（副作用）で、逆に下半身麻痺の状態になった。翌年二月一日に六時間半の手術が行われたが、快癒することなく、天野さんは車椅子の生活を余儀なくされた。退院したのは十一月二日。ほぼ一年の入院生活となった。

病室は個室で、片時も離れることなく奥さんは付き添い、簡易ベッドで寝た。奥さんは一度だけ、必要な物を取りに家へ帰った。

京都駅からタクシーを飛ばす。下鴨北園町九十三番地の家まで。急いで必要なものを探し集め（衣替えの衣類か）て、駅までのタクシーを拾う。家に居たのは一時間ぐらいだったという。

話を最初にもどす。『夫婦の肖像』を読みなおしたのは、天野さんと同姓の小説を書く人（天野政治氏）の奥さんが亡くなり、その偲ぶ会がもたれる。私の下手な話より、年上で万事にたよりきったという最愛の奥さんを追悼し御夫婦をたたえるのに、天野さんの詩を朗読するのがいいのではないかと思ったのだ。

会で、私は天野忠夫妻の話をし、短い詩一篇を読んだ。「祝婚」でなく、葬送の詩となったが。

天野さんの最後の詩集『うぐいすの練習』を、亡くなられた五年後、一九九八年二月に発行した。詩稿と共に、天野さん自身が作った目次も残されていた。

各詩篇には、「ばあさんと私」と言葉が添えられている。私は、巻頭に、玄関の路地で、微笑み合いながら半身で向かい合い立っている天野夫婦の写真（一九八四年十二月に藤本巧氏撮影）をかかげた。

（「Ｐｏ」１１２号・特集天野忠／Ｐｏ三十周年記念号・二〇〇四年二月）

III

出版という労働

毎年、就職シーズンになると名もなき出版社の編集工房ノアにも、「来年度の募集」の問い合わせが入る。

電話あり、郵便あり、中には募集もしていないのに、履歴書を送ってきたり、訪ねて来る人もある。女子が八割方。零細会社に他業種では考えられないことではないか。

彼女らは、編集工房ノアをどんな会社だと思い電話をかけてくるのか。出版社及び出版という仕事を、どのように思い描いているのか。私の場合は成り行きの自営で、今している仕事の一つひとつをあげてみても、どこが憧れにあたるのか、わからない。

妻と二人、時々のアルバイトでしのいでいる状態なので、出版にまつわる全部が仕事となる。余分だが、事務所は路地裏の陋屋で、取次への注文書籍の納品は自転車である。

「四十を過ぎて、あの坂は越えられん」と妻は、自動車学校に通いはじめた。新卒の女学生(?)が運搬用の自転車を、なりふりかまわずこいでくれるとは思えない。妻ならばこそである。

仕事は、企画というほどあらたまったものではないが、何を出版するかという決定。持ち込み原稿の扱いなど、構想を練ることと、書かれたものを読むこと。著者と会うこと。原稿の決定、編集、組み指定をして印刷所に原稿を渡す。校正は著者校正のほか外部にも出すが、私も目を通す。装幀の決定。発行までの進行管理。帯文、広告の作成。

本が出来ると、書店まわりは主に妻。取次との委託配本数の決定、出荷発送、常時の注文品の納品、返品の整理、直接購読者への書籍小包の発送、とめまぐるしい。

私が日頃の仕事のなかで、一番好きなのは、返品書籍のカバー、帯を取り替える作業と、装幀や広告など版下の制作。つまり仕事が即かたちであらわれる手作業である。快感がある。

身の回りの道具、特に三角定規を美しいと思う。線を引いたり、カッターをあてたり、三角定規は三角定規の機能だけで完結している。

校正を見ながら、「これはいいものだ」と想いが文章に重なっていく時は、快感というよりは精神的な喜びである。本が売れて、増刷を考える時は浮き足立つが、仕事の喜びというのではない。

出版にまつわる虚実の部分。発行書籍が新聞や雑誌にとりあげられる。賞を受けることもある。人は「いい仕事をしているね」とお世辞を言ってくれる。出版パーティーでえらそうな顔ができる。奥付で著者と名前が並ぶ。挙句に酔っぱらって、妻や子供に「おれは天下のカラサワやぞ」とくだ巻いたりする（本人は覚えていない）。女学生が勘違いするのも無理はないのだ。

（「思想の科学」４４７号「現在日本の労働」・一九八八年十一月）

移転顛末記

「ビルを建て替えるので、三カ月以内に立ち退いて欲しい」と編集工房ノアが入居している大淀ビルの家主が、普段にない背広ネクタイ姿で来たのは、昨年（一九八六）十一月末であった。

やはり事実であったか。こんなこともあるのかと足元を掬われる気がした。家主によると、現在のビルの家賃収入では税金を払うのがやっとで、ビルも老朽化している、前月、一階に入っていた会社が引っ越したので、この際建て替えたい、新築後は全館を一社に貸す話があるので、再度入ってもらうことはできない、ということだ。

実はこの話は二日前に隣の会社から聞いてはいた。大淀ビルは三階建てで、ここ十余年間に出入りもあったが、最後はノアを含め三社が入っていた。一階がニット服卸商、二階がノア（九・五坪）と公害防止機器の会社で、同社は三階をも設計室として使っていた。

一階の会社が前触れもなく、それも近くに移転したらしいので、不審には思った。隣は下が空いたのを知って、事務所を広くしたいと思い借りに行ったのだが、とりこわしの計画があるのだと言われた。「そんな話、聞いていますか」と隣の社長が教えてくれたのである。

家主が持ち出した移転の条件は、向こう三カ月間の家賃を無料にする、早く出ればその分の差額を移転料として支払うというものであった。

隣の社長と話し合い、一緒に交渉に当たろうということになったが、隣は工場は別に持っているので同じ情況というわけではなかった。

ノアの場合、金銭的なこともさりながら、裏に借りているアパートの部屋の倉庫が満杯で、約十坪といえばそれなりの広さであるが、事務所に在庫・新刊書籍が所狭しと積まれ、真っ直ぐに歩けない程で、これをどこにどう移すかと思うと、暗い気持になった。

といって、なぜか一階がすでに移転し、隣も移転の交渉に態度を決めているので、居座ることは不可能であろう。残るのは金銭交渉だが、各々の事情が汲み取ってもらえるとは思えない。

家主は最初の交渉で、三カ月間の家賃無料を含めた金額五十万円を示した。近所の某では五十万円も貰えず出て行った。契約条項にのっとれば五十万円は好意なのだ。のめない場合は、乱暴な連中に知り合いもあるので、裸で出ていってもらわないといけないことになりますよ、と威しをかけた。

人に相談もし、隣と各々の引っ越し費用など試算し、結果としてこちらが要求した半額で話を決めた。今年一月の初めであった。

この話の根元も、昨今都市再開発で暗躍する地上げ屋の類であろう。大淀ビルの敷地はせいぜい二十坪であるから、建て替えてもそれほどの利点があるはずはない。一帯を買い占める手始めなのではないか。梅田に隣接するこのあたりは、ここ十数年建築ラッシュで、高層ビル、マンション、ホテルなど驚くほど増えた。大淀ビルの斜め向かいには先端のインテリジェントビルも建っている。大淀ビルがあるのは大淀区だが、二年後には区の合併で北区になるという地価高騰のねらいもあるのだろう。持てる力ではじき出されるのは常に持たざるものである。

話を決めてしまった以上、移転先を探さなければならないのだが、なかなか御輿があがらなかった。約束は二月末までの移転である。一月も後半になったある日、桑島玄二さんが来られることがあり、大淀ビルを仲介してもらった中津駅前の不動産屋にいっしょに行ってもらい、事務所にも使えるというマンションの一軒を見た。

まず第一条件として、ノアは今年で十二年目を迎えたが、愛着のある創業の地中津駅周辺を離れたくなかった。移転にともなうマイナスを少しでもなくするために電話番号も変えたくなかった。地下鉄は大阪の南北を貫く御堂筋線で、梅田に一駅、歩いても十分はからない、交通の便もよい。開発が急というものの、それも駅周辺の一帯で、まだまだ住宅も多く、街に落ち着きがある。少し足を伸ばせば淀川の堤防である。

しかし、このあたりで同じ広さだけのビルの一室を借りようとすると、値上りで約一・五倍の家賃を払わなければならない。同じ広さなら相変わらずの限界である。少し広いものとなると敷金だけで引っ越し料は飛んでしまう。マンションならやや割安である。２ＬＤＫでも借りて、ＤＫと一部屋を事務所に、一部屋を倉庫代わりにと考えた。

その後周辺の不動産屋を歩いたが、どこも同じ物件で、こちらの方が情報通となった。最初に桑島さんと見た部屋にしなければならないかと、あきらめかけていた。

そんな昼休み、といっても食事の後だったから一時は過ぎていた。駅の近くの不動産屋に入った。営業マンは三十過ぎと見え、少し足を引き摺った。

彼は二つの物件を出した。一つはマンションで、すでに知っているものであり、同じところに以前友達が住んでいたこともあるので、間取りまでわかっていた。つけ加えて営業マンは「借家もありますが」ともう一つの物件を持ち出した。借家＝一軒家、というのになんとなく引かれた。

地下鉄中津の交叉点を西へ行くと、国鉄貨物線があり、ガードをくぐる。先に借家を見た。

中津交叉点周辺は、東洋ホテル、三井アーバンホテルが並び、世界長ビルをはじめ通りをはさんで高層ビルが並びオフィス街となっているが、国鉄貨物線のガードをくぐると風景は一変する。

右側は、煙草屋、喫茶店、医院、床屋、菓子屋、洋装店、クリーニング屋、文房具屋が並び、左側には保育所、魚屋などがあるが、商店はどれも一時代前の古びた暗い印象である。

床屋はあくまで昔ながらの床屋であって、理髪店ではない。表のガラス窓の桟は傾き塗料が剝げ落ちている。トリコロールが音をたてて回っている。理髪台も旧式で、地方の町でも今どきこんな床屋は残ってないのではないか。

洋装店と書いたが、床はコンクリートのままで、照明も特になく、商品はいつごろのものかビニールをかぶせて吊してある。医院さえもなんとなくうら寂しい感じがするのだ。

借家は、そんな商店の並び、喫茶店「カーム」の手前の路地を入った左側、喫茶店の裏側にあった。路地の突き当たりは木造アパートで、向かいは畳屋である。表の喫茶店の筋向かいは福徳相互銀行で、喫茶店の隣にはアムネスティ大阪事務所がある。

借家は、ドアを開けると猫の額ほどの三和土があり、八畳程の板の間、奥が畳の六畳になっている。板の間には流し台、左右にトイレと風呂場が付いている。床、板張りの壁面も改装されていると見え、内は意外に奇麗である。「借家」と聞いた時、相当のボロ家だろうと想像したのだ。一軒家も面白い、という気が起こった。

二階は、六・六・三畳の三間あり、トイレも付いている。押入れが多いのもいい。これだけの広さがあれば、使わなくても余裕が持てる。家賃は大淀ビルに比べて少し高いが負担できない金額ではない。敷金は思ったより安い。静かである。

欠点としては暗いことだ。表側も切り取られた路地の空であり、奥はほとんど隣家と接するばかりなので、昼間でも暗い。それに二階を倉庫代わりにするには、普請に心配がなくはない。が今のノアの事情からすれば広さといい家賃といい、これ以上のものは望めないのではないかという気がした。一緒に見た妻も表情が明るいので、マンションは見ずに決めてしまった。家主が通りを入る商店街の中にある豆腐屋で、地域の世話役もする好人物だという不動産屋の話なので、安心もした。「路地裏の出版社」という言葉が浮かんだ。

二日後に契約を済ませ、徐々に本を運び込んだ。少しでも本を減らす必要があった。バラで積まれている本は整理包装し、ノアには車がないので印刷会社や友達の車で何度も運び出してもらうのだが、なかなか減らない。よくこれだけ売れない本を出し続けたものだと、しみじみ思った。

そんな日、新しい事務所に行っていた妻が、血相を変えて帰ってきた。

「引っ越しどころやないよ。えらいことよ」

裏に隣接するのが実はプレス工場で、打ち抜きの音で仕事どころではない。「何かあると思っていた」「騙された」というのだ。私は早速、自転車を走らせた。

なるほど、奥から、「ドスン、ドスン」という衝撃音が響いてくる。音だけではなく振動も相当のもので、家さえも揺れている。音は窓のすぐ外で聞こえる。静かではなかったのだ。

奥の部屋と工場の間は僅か溝一つで、工場の壁は簡単なトタン張り、屋根はビニール製の波板で、音と振動は直に響いてくる感じである。

私は不動産屋に電話した。「そんな音は聞いたことがない。知らなかった」という。妻が近所の人に聞くところによれば、「毎日やっている」と言う。妻は偏見かも知れないが、足を引き摺る男を悪い人だとは思わなかった、と言った。私たちは周囲に問題はないかと、男に確かめていたのだ。

大家にも連絡をとってもらったが、結局工場に接する窓を二重窓にしてもらうことしか方法はなかった。今さら契約を破棄して出直す元気はない。なぜプレス工場のことがわからなかったのか。妻は何度も往復し、八回目に初めて音を聞いたという。後で知ることだが、プレス機の稼動時間は九時半から、昼一時間の休みをはさみ、午後六時までで、私たちが最初に案内された時も、一時を過ぎていたのだが……。

移転が完了したのは二月八日であった。翌朝大淀ビルの鍵を返す途中、最後の部屋に寄った。何もない部屋に朝陽が射していた。

新しい家主に挨拶に行く。契約の時は、書籍の山を持ち込む手前、なんとなくこちら側に遠慮があったが、今度は大家が低姿勢であった。「黙っているつもりはなかったが……」、進んで言わなかった、ということか。

新事務所での仕事が始まった。プレス工場の音と振動が腹に響いた。表の流し台の上のガスコンロが打ち抜きの度に音を出した。食器棚のガラスが震えた。電話が聞き取りにくい。幾打か音が続き、休む。終わったのかと思うと、また始まる。一呼吸の空白が、これでもかこれでもかと、神経を打ちすえる。事務所を離れても、衝撃音や物が落ちる音がすると、すべてプレス音に聞こえた。

よくこれで周囲の人は黙っているものだ。あたりは商店ばかりでさほど気にとめてないのか。矢も楯もたまらない気で、大阪市の公害監視課に電話した。管轄は区の保健所だという返事で、役所からも行くが、その前に被害者が直接先方に被害を訴えてくれという。

私は工場の中の音の正体を見定めるべく、内心気遅れもあったが、行ってみた。プレス工場は表通りに面しているが日中シャッターを降しているので、通りを歩いていてもこんなところにプレス工場があるなど、思っても見なかったのだ。

シャッターをノックすると、小柄な若い男が現れた。三十前後か。意外に若いので驚いた。工場というイメージから屈強な中年の男たちが幾人も働いている図を想像していたが、男は一人である。左側、縦一列に数台のプレス機が並んでいる。音と振動からまさに壁の横と思っていたが、プレスの位置は反対の商店街側であった。ノアに隣接するあたり屋根がビニールの波板になっているのは、シャッターを降して表からの光が入らないので、明かり取りなのだ。

「何の用事ですか」、男は険しい挑戦的な顔つきである。「これをやめたら飯の食い上げですので……」それはそうだろう。仕事をやめてくれと言っているわけではない。音と振動が軽減できないか、あまりに傍若無人ではないか。あなたの生活の音で被害を受けている者があることを知って欲しい。方法と配慮が望めないか、という思いだ……。

何人でやっているのかと聞くと、最近は不景気で二人だという。お互いに零細企業なのである。

苦情を言ったからと言って、音が止んだわけでも小さくなったわけでもない。腹いせといえば言葉は悪いが、かえって前よりきつく聞こえる。

保健所に電話をすると、係員は「ラーメン屋の隣やな」。アムネスティの隣が中華食堂で隣がプレス工場。工場の奥の側面にノアの奥の部屋が隣り合っている。係員はラーメン屋に入った時、「この音は高いな」と思ったと言うのだ。

係員は翌朝、計器を持ってやって来た。がその日はどうしたことか、音がしない。この時ばかりは音を待ち望んだが、結局は始まらないので帰ってもらわざるを得なかった。

また音のする時に電話をすることになったが、その後なかなか連絡がつかなかった。というのは、プレスするものによって音に大小がある。小は表の部屋までは聞こえないかすかなものである。大も一日中やることもあれば、小間切れだったり、午前だけ、午後だけの場合もある。中ぐらいの音もある。大が始まり電話をしても、係員が一日中出かけているということで、連絡がつかないことも二度あった。

新しい事務所をボツボツ人が訪ねてくれるようになった。裏の音を気づかいもした。この音を、「なつかしい」と言ったのは桑島玄二さんであった。

「裏がポンス工場で、なつかしい音や」

郷里の香川県白鳥町の家の裏が手袋製造の打ち抜き工場で、一日中この音がしたというのである。プレス工場をポンス工場だと言うのだ。家は白鳥神社の門前の名物ぶどう餅屋で、朝早い母親が奥の部屋で昼寝をするのにかわいそうではあった。田舎のこととて近所に文句を言うわけにもいかないし。

「はげめよ、はげめよ、と聞いたらいいのと違うか」

保健所の係員が、今度は二人してやって来たのは移転の約一カ月後であった。音と振動を両家の境界線で測定するのが決まりだという。三人で路地に入ったが、朝一番に景気よくしていた音が止んでいる。私はしばし天をにらんだ。

測定値は、振動はギリギリ制限内であるが、音は三三オーバー。部屋の奥で測ると二〇オーバーで、取り付けてもらった二重窓が一〇は防音していることがわかった。

プレス工場から帰ってきた係員は、「今すぐに改善というわけにはいかないので、この月の二十日に計画書を出すと言っているので、それまで辛抱して欲しい」と言って帰って行った。

「はげめよ、はげめよ」と聞こえることもあれば、やはりたまらんと苛立つこともあった。仕事に集中すれば気にならなくもあり、少し慣れたかなと、出勤し、相変わらずの大の音を聞くと、またうんざりもした。大要において音に変化はないが、打ち抜いた後、二、三度摺るような音がする時があり、向こうも多少は気を遣っているのか、と思うこともある。

話は戻るが、最後の引っ越しの日、運送屋の人たちが帰った後、手伝ってくれた人たちと、向かいの店で遅い昼食をした。福徳相互（銀行）と同じマンションの一階にある、周辺では小綺麗な食事処である。客は私たちの他、カウンターの初老の小父さんと、途中から入ってきた厚化粧の小肥り中年女性の二人で、どちらも常連らしい。

小父さんが入口の横にあるテレビの傍で、ウロウロしていたかと思うと、テレビに画像が表れ、音楽が流れ、小父さんはマイク片手に唱い出した。女が別れを嘆く演歌である。私たちは思わず顔を見合わせた。

またこの日、福徳相互の向かいの自治会館の二階で老人たちが集まりカラオケ大会をしたが、一人が倒れ救急車が来た。峠を越えたカラオケブームが、いま中津三丁目の老人たちの間では全盛なのか。

商店街があり、買い物の奥さん方が行き交い、向かい隣に小学校があるので、子供たちの声が通りを過ぎる。

(追記)その後、工場の防音工事によってプレス音は、はるかに小さくなった。来訪者で「気になる音ですね」という人もあるが、前の音からすれば仕事に支障はなく、閉めきっていた奥の二重窓も開けられるようになった。隣のアパートの二階の洗い場がこちら側にあるらしく、水の流れ落ちる音が間近に聞こえ、洗剤の臭いのする風が入ってきた。

(「海鳴り」3号・一九八七年七月)

この一年

昨年のことが、つい昨日のことに思え、昨日何をしたかが思い出せない。今年（一九八七）は特にあわただしく、秋の一日、住んでいる箕面の山歩きをすることもなかった。

年の初めに事務所の引っ越しを余儀無くされた。編集工房ノアは創業十二年目になるが、入居ビルの建て替えで、追いたてをくったのである。

建て替えというのは口実で、昨今都会に暗躍する地上げ屋の類で、ビルは現在でも空き家のまま残っている。大家が売却したのではないか。地域の役もやり、ボランティア活動の集まりの世話もしているという大家で不動産屋を、いい人だと思っていたが、立ち退きに関しては、「こわいお兄さんに来てもらいますよ」と威された。

この引っ越しの顚末を、私は八年振りに発行した、ＰＲ誌「海鳴り」に書いた。なぜ引っ越したかを知ってもらいたかった。

これを読んで初めてわが社を訪れた多田道太郎さんは、プレス音を、防音工事以後であったので、たいしたことないやないかと、いくらかがっかりされたようだ。

「いいところに引っ越しされて良かったですね」

と多田さんは言った。その後二、三日して、今度は山田稔さんが来られた。多田さんから話を聞かれたらしい。「海鳴り」も読まれている。

路地裏、ノアの表に立って、山田さんは、

「聞きしにまさる」と笑った。


さかのぼって、一月十五日は、「清水正一さんを偲ぶ会」が、前年と同じ十三の会場で行われた。事務局はノアになっている。生前ノアで、『清水正一詩集』を、没後『続清水正一詩集』を出した。

偲ぶ会でいえば、八月第一土曜日は、足立巻一さんを偲ぶ「夕暮れ忌」である。清水さんが亡くなったのが一九八五（昭和六十）年一月十五日。足立さんが同年の八月十四日、尾翼を破損した日航機が長野県の山中に墜落した二日後だった。昨年の夕暮れ忌には、足立さんの著書『学芸の大阪』を出版したが、今年は『日が暮れてから道は始まる』を忌日に間に合わせた。

書名は、足立さんが最後に連載した読売新聞コラムの題名である。私は連載が始まった時、この題名の本が出したいと思った。足立さんにことわりなく、出すことになった。

足立さんはこの連載を入院中のベッドで書いた。他に「思想の科学」に連載の「生活者の数え唄」も休むことなかった。「生活者の数え唄」が絶筆となった。この二つの連載に、大阪文学学校発行「樹林」に続けて発表した散文詩を合わせると、丁度一冊の本の分量となった。

「生活者の数え唄」は、足立さんが長く神戸新聞の詩の投稿欄選者を担当した、投稿詩人たちの一人一人を訪ね歩いたものだ。書かずにはいられない思いがほとばしり出ている。足立さんが特選にし、注目した無名の生活者詩人たちは、自らが病気であったり、障害者であったり、重度の障害児をかかえていたりで、めぐまれた生活の人は一人もいない。救いとして詩を書いているのだ。足立流のていねいな取材と、ヒューマニズムにあふれた文章である。

未完に終わったわけだが、足立さんは最後まで原稿を書いた。足立さんも清水さんも大

正二年丑年生まれ、七十二歳であった。（清水さんは正確には誕生日前で七十一歳）

大正二年生まれといえば富士正晴さんもである。富士さんが亡くなられたのは今年の七月十五日。夕方、朝日新聞の記者から知らされたが、私はたまたま毎日新聞のコラム「視点」週一回の連載を始めていた。知らせを聞いてすぐに不謹慎かという思いもあったが次週の原稿に間に合うかを電話で聞き、富士さんのことを書いて、ファックスで原稿を送った後、茨木市安威の富士さんの家に行った。雨が降っていた。阪急茨木の駅で帰りの山田稔さんに逢った。富士宅に着いたのは十一時。富士さんの顔にさわらせてもらった。

富士さんに先立つこと二カ月、五月五日の子供の日には、小島輝正さんが亡くなった。私は小島さんを病院に見舞おうと思いながら果たさなかった。一度は、足立さんの本のことで奥さんを須磨の家に訪ねた帰り、小島さんの病院へ行こうかと思ったが、日が暮れかかっていたので神戸の空をにらんで、そのまま帰ってしまった。

入院中の小島さんから一度だけ葉書をもらった。小島さんの紹介で友人の山下肇さんの本をノア叢書シリーズで出すことでの、連絡であった。ノア叢書というのは、創作より随筆に著者の人間的文章の魅力があると思って始めた企画だが、1が小島さんの『ディアボロの歌』であった。10の山下肇さん『京の夢大坂の夢』は小島さんの生前に間に合わなかった。

秋には筑豊の上野英信さんが亡くなられた。私が上野英信さんを、筑豊を撮り続けているカメラマンの大久保千広さんと訪ねたのは、ノア創業の年の暮れであった。「海鳴り」のインタビューをかねた。

一晩とめてもらい、炭鉱の画家山本作兵衛さん、森崎和江さんにも会わせてもらった。大久保さんは酒好きではないのでコーヒーばかりを飲み、私はすすめられるままに飲んだ。結果、回し続けた録音テープに入っていたのは、私の酔態ばかりであった。拾い集めの上野さんの言葉を、私はしかたなく「海鳴り」2号に載せた。


正直なところを言うので覚えて欲しいのだけれど、本当に僕は戦後を生きてきたつもりだけれど、やっぱり奇麗ごとにすぎなかったんだなという自己批判がある。

自分の一番醜悪なところをさらして悶えているんだけれど、そこのところは自分の言葉というか文字にはできなかった、というくやしさをもっている。これからはこのくやしさを支えに書きたい、と思っているが、それができるかどうか、かなり絶望的だ。

（一九七五年十二月）

談話の一部だが、2号の発行が筑豊行きから三年後になっているのは前の理由からであろう。テープには上野さんの声、作兵衛さんの炭鉱歌も入っているが、勇気を出して聞き直すことができない。今年七月発行の3号は、実に八年振りである。

今号は、桑島玄二さんが、足立巻一さんのことを書いた「アダッツァン」が好評であった。連載で単行本にしたいと思っている。4号は年内発行の予定でいたが、年明けになりそうだ。最低でも年二回は発行したい。五、六〇頁の小冊子だが、単行本にない雑誌作りの楽しさがある。

今年の出版点数は、自費出版の詩集も多いが、最高の三十二点。ほかに他社の本の製作もした。某社の料理の本は年内いっぱいの仕事となるだろう。

十一月の終わり、山田稔さんと京都の天野忠さんのお宅を訪ねた。ノア叢書11で、天野さんの随筆集『木洩れ日拾い』を出す打ち合わせもあったが、私は山田さんといっしょに、年二回ほどお宅で天野さんの話を聞くのを楽しみにしている。特に今年の話は、機智とユーモアに富んだしみじみと心に通うものだった。

「いい話だなあ」と思ったが、鍋をつついてすすめられるままに酒を飲んだので話の中味は忘れている。いい話を聞いたという上等の時間の感じだけが残った。

天野宅を辞して私がタクシーをとめる間に、山田さんは封筒の表に何やら書いた。天野さんの話を忘れぬうちにメモされたのだろう。

そのあと山田さんと入った酒場で、山田さんがトイレに立った時、伏せてあった封筒をかえしてみた。作家の仕事に羨望をいだきながら、私はまた酒を飲み、酔っぱらって大阪に帰った。


（「透璃」6号・一九八八年三月）

一年ののち

早いもので、桑島玄二さんが亡くなって、一周忌を迎えようとしている。

一九九二（平成四）年五月三十一日、日曜日、が忌日である。私はこの日、桑島さんの臨終の場にいなかった。

前々日の金曜日の夕方、昏迷から昏睡に入りつつある桑島さんに会った。二、三日が危ない、と思えた。

日曜日、私はどうするか迷った挙句、妻や二人の子供たちと一緒に、梅田のバス乗り場から、舞鶴行きのバスに乗った。

郷里の舞鶴の病院に父が入院していた。父のほうも、母が看護婦から、「白い着物を用意するように」と言われて一週間が経っていた。

バスは車中でビデオ映画を流した。高倉健のやくざ映画であった。大阪ミナミで「リュウ」と異名を取った名うてのやくざが、足を洗って、女の郷里の越前あたり（と思った）の漁師になっていた。

入江の小さな漁村、濡れた埠頭。防波堤に打ち上げる荒々しい波。波が埠頭のコンクリートを洗う。横なぐりの雪。雪にかすむ入江の岬。入江に次から次へと押し寄せる波。よく知っている日本海の冬の漁港の風景が映し出された。

私は舞鶴の東北部、若狭湾に小さく突き出した半島の漁村に生まれた。父は漁師だった。荒々しく押しよせる波を見ていると、やくざ映画のストーリーには関係なく、桑島さんの床も父の床も、今、波が洗っているのだ、と思った。

今号の冒頭の桑島さんの詩（「バカらしい旅行よ」）は、昨年の二月頃もらった。発行予定が一年余を過ぎたということになる。

詩の中で桑島さんが「あなた」と呼びかけているのは、亡き足立巻一さんである。旅行は黒部渓谷。足立さんは関西電力のＰＲ誌「ひらけゆく電気」の取材で足しげく黒部に通った。

桑島さんと呑むと、必ず足立さんの話が出た。

「〝わしがおらなんだら、野垂れ死にやで〟と、はき捨てるように、言うんや」

足立さんが桑島さんに言ったという。桑島さんは、「はき捨てる」にアクセントをおいて、強調した。桑島さんは重なる事業の失敗。職場を転々とする。原稿料の入る仕事の紹介、大阪芸術大学に職を得るのも、足立さんの力があった。

「アダッツァンのいない人生なんて、考えられませんわ」

桑島さんは足立さんに返す。

「〝べんちゃら、言うな〟いいながら喜んどったで」

と桑島さんは言う。そのほか、

「酒は自力で飲め」

「桑島、しょせんわしらは、女にもてなんだなあ」

といった足立語録が続く。さらに、
桑島さんと私の共通の場で、足立さんがどうだった、こうだった、といった話が続き、

「……な」

と桑島さんは、少しあごを突き出し、口を半開きのままで、「な」と、調子を入れるの

だ。

桑島さんの話で一つ。

桑島さんと、桑島さんの親しい大阪芸術大学の山下浩（学科長）さんと、私の三人で、箱根塔之沢温泉に泊まったことがある。スポンサー（原三佳）付きで、自力ではなかった。

塔之沢は、箱根温泉郷の入口である湯本を奥へ一つ目の山峡の小さな温泉場である。湯本は扇状河原でひらけているが、塔之沢は渓谷のわずかな平地と傾斜面に旅館や人家が建っている。

湯本の町を外れ、断崖の縁を切り抜き、片側は柱を建てた素通しのトンネルをくぐると塔之沢に入る。橋の手前、右側の川沿いに黒塀の旅館があり、表に「柴田錬三郎執筆の宿」と小さく書いた看板が出ている。この宿の川側の二階の部屋で柴田錬三郎は「眠狂四郎」を書いた。あるいは「眠狂四郎執筆の宿」と書いてあったのかも知れない。

橋があり、川は道の左から右へと曲がる。橋の上から執筆の二階家が見える。瀬音がうるさくはなかったか。

橋は石の欄干である。橋を渡ったところが私たちの泊まった旅館で、福沢諭吉、大仏次郎も泊まった。奥の部屋はみな川に面していて、左に曲がった川が右に曲がり、川向こうの高台に木造三階建ての造りの凝った旅館がひときわ大きく見える。部屋が川の曲がる瀬に面しているので、特に雨の日など瀬音が激しい。

塔之沢の雨を　幸田露伴が詠んで
小橋行く番傘黄なりとした　戦前の風俗が
羊歯の多い庭隅にまだ息づいている廊下を
小走りに女中さんが差入れてくれた
夕刊の端も濡れていて　渓流に近く

桑島さんの最後の詩集『旅の箇所』（書肆季節社）の中、「塔之沢温泉」である。五行詩百篇の旅の箇所が収められている。桑島さんにこれだけの旅があった。決して楽しい旅ばかりではなかっただろう。バカらしい旅行（足立巻一詩集の題名）より、もっとつらい旅もあったのではないか。

鮎食、橘池、歌、鬼灯、上下、杏村、角島、鯖島、塩飽、山里、夜市川、椿色、九鹿、雲雀野、姫、すべて地名である。地名だけで、物語るものがある。

宿の前は国道をはさんで、車が横に三台ほどとめられる駐車場があるが、駐車場のコンクリートの側壁はそのまま山の傾斜である。国道を向かいへ渡り、駐車場が切れるところ、土産物屋の手前に狭い急な石段がついている。山の急斜面に家が建ち並び、中にはこの土地の焼き物を売る店もある。ほとんど軒先をくぐるほどに石段の道を登る。登り切ると人家は途切れ、湿気を帯びた平らな土道となる。木々の間から塔之沢の家々が見下ろせる。道は湯本から箱根への登山電車の塔之沢駅へ通じている。

駅の横に小さな家があり、土産物を売っている。駅そのものは無人で、湯本側もトンネル、山上側もトンネルで、トンネルとトンネルの間の駅。駅の山側に祠があって、銭洗い弁天だという。

私たちはこの駅から箱根へ登り、ロープウエーを乗りつぎ芦ノ湖に下り、遊覧船で遊んで帰ってきた。

「この指が覚えていた。いうのはいやらしいで……」

と桑島さんが言った。川側の障子に、西日が斜めに当たっていた。この夜に、湯本から芸者をよんでいた。芸者が川端康成の「雪国」につながった。

その箇所を確かめてみると、

この指だけが、これから会いに行く女をなまなましく覚えている、……この指だけは女の触感で今も濡《ぬ》れていて、自分を遠くの女へ引き寄せるかのようだ……

という一節である。その指を鼻につけて匂いを嗅いだりするのだから、いやらしい。桑島さんの中に、駒子のような小股の切れあがった芸者を期待する気持があったかどうかは、知らない。小股の切れあがった女とはどういう女のことをいうのか、三人であれこれ言い合った。

「里見弴の座敷に出たことがある、いうた芸者は、八十二歳のばあさんやったで」

桑島さんは、前にこの宿で湯本芸者をよんだことがあるのだ。

私が一人遅れて湯から上がると、部屋には灯が入っていた。入口の内側に障子の明かりを通して人の背がある。廊下に、草履が二足揃えられている。芸者は二人よんだ。戸を引いて、脇を抜けた。座敷の卓には、川側に山下さん、手前の奥に桑島さん、年少の私が桑島さんの横に座った。

部屋は天井の燭光を低くし、箱型の電気スタンドで卓を浮かびあがらせている。隅は翳っている。

部屋の入口にもスタンドがあって、二人の女を浮かびあがらせている。きちんと正座し、私が席につくのを待って、挨拶をした。私は部屋に入る時、女たちの横をすり抜けながら、スタンドの明かりが、ひときわ映えているのを見ていた。明かりが映えているというのはおかしい。明かりに映えていたのは女である。白地の着物の所為だったかもしれない。里見弴の八十二歳のばあさん芸者まではゆくまいが……と思っていたので、意外に華やかなのが、心を浮き立たせた。

明かりに浮かびあがって輝いていたのは、白い着物の所為ばかりではない。若さだったのだと思う。

小柄な、五十歳前後の姐さん芸者は、老妓とは言えないが若くはない。もう一人の姐さん芸者に従って来た妓は、二十歳になったばかりだ、と言った。

姐さん芸者が、山下さんの横についた。二十歳の芸者は、桑島さんと私のあいだに座った。

姐さん芸者は、歌を唄い、話題をつくり、上手に座を取りもった。年月の間についたものは、上品とは言えなかったが、決して下品ではなかった。

二十歳の妓は、芸者になって二週間にもならない、と言った。こんな若い女が芸者になるのか。女は芸者になって日が浅いと言う言葉通り、酒席につく女たちにありがちな会話でなく、ごく日常的な二十歳の女と思える話しぶりである。自分のことを隠そうともしない。

女は、東京東久留米市出身で、つい最近まで女子プロレスにいた、という。立派な体格である。立つと、短軀な私たちを見下ろす程である。一八〇センチはあるのではないか。肩もがっちりしている。着物は姐さんから借り、はしょらずに、ついたけで着ているのだが、それでも短い。

高校を卒業し、短大に入ったが、友達のすすめもあって、ブームの女子プロレスに入った。入りはしたものの、スターにはなれなかった。長与千種のようなボーイッシュな善玉、ミミ萩原のような女であることを前面に出すタイプでもなく、ましてダンプ松本のような悪役も似合わない。役どころがなかったのだと思う。女子プロレスをあきらめて、なぜ芸者になったのかは聞かなかった。

顔は美人でもなく不美人でもない、二十歳の普通の女の子である。普通であるがために、酒席の明かりの中では初々しい。

「お客さん方は、どういう方々？」

三人の職業と関係がわからないと、姐さん芸者が不思議がる。私たちは遠慮のないやりとりを楽しんだ。

「カラサワは、君のこと好きなんやで」

桑島さんが言うと、

「それは先生でしょ」

二十歳の芸者は、間髪を入れず、返した。

私たちはなごりをおしんで、宿の中にあるバーに場所を移し、カラオケで歌を唄った。

桑島さんも、山下さんも、姐さん芸者も、私も、何曲か唄った。二十歳の芸者は、歌は苦手だと言い、一曲だけ、それも今時の若い女の子の歌を唄うのかと思ったら、「東京行進曲」を唄った。わけはわからない。「花の東京」「花の女子プロレス」だったのか。

四カ月後の夏のはじめ、私たちはメンバーを一人増やして、同じ宿に泊まり同じ二人の芸者をよんだ。

四カ月の間に、二十歳の普通の女の子は二十歳の芸者になっていた。最初の印象があざやかだっただけに、四カ月後の変化は、はっきりと受け取れた。水になじんだ。彼女にしてみれば、努力のあとであったはずだ。歌は相変わらず「東京行進曲」を唄った。

それから一年余、二回目に加わった年下の男がどこでどう仕入れてきたのか、もう女子プロレスの彼女は湯本にいない、訳知りに、やくざがからんでいる、こういう場合きっとそうですよ、と言った。


昨年の四月、大学が始まって間もなく、桑島さんが、JR天王寺駅の南側にある鉄道病院に入院した。翌日、見舞った。顔や手足に黄疸が出ていた。

「お互いに、波瀾万丈やったなあ」

と桑島さんは言った。

入院一カ月後、容体が悪化、昏迷状態となる。血小板の交換始まる。血液の入れ替えを、

「誰の了解を得てこんなことするんや」

「ひょっこりひょうたん島へ行きたい」

と桑島さんは言った。

私は桑島さんの死を予感しながら、その日、舞鶴への高速バスに乗った。父を見舞って

いる時、桑島さんが死んだ。午後二時十二分だったという。

ある日、南天の朱の実は突然にすべて消え
五月、母の二十五回忌の朝
花軸の先に一つずつ
昆虫の目玉に似たうすみどりのつぼみがつき
一つ二つ淡紅の点の花をひらいた。

この静かな変化に耐えよ。

足立巻一さんの詩「南天」（『雑歌』理論社、一九八三年）の後半である。ちょうど今、五月。

（「海鳴り」8号・一九九三年八月）

四年ののち

前「海鳴り」8号の奥付発行日は、一九九三（平成五）年八月となっている。四年が経とうとしている。今号はもっと前に出すはずのものであった。執筆者から、「どうなっているの」と聞かれることもあったが、最近では誰も何も言わなくなっていた。「海鳴り」は忘れた頃に出る、と開き直るしかない。前号の八月というのは、足立巻一さんの夕暮れ忌に合わせて出したのだろう。今号は、『杉山平一全詩集』上巻、発行に合わせて、ようやく出す。この四年の間に何があったか。歳月の記憶は、茫洋として、奥付を見て発行日を知るように、記録をたどるしかない。

桑島玄二さんが亡くなったのは、一九九二（平成四）年五月三十一日。このことは前号の編集後記で書いた。

翌一九九三年秋には、天野忠さん、庄野英二さんが相次いだ。

十月二十八日、天野さんが亡くなったのを、私は不覚にも翌日の新聞で知った。電話をすると奥さんが出られた。「十月頃から熱が出て、三、四日前、高くなって入院し、昨日の七時すぎに亡くなった。医者は高熱の原因がわからないと言った。家で死にたいと言ったけれど、しかたなかった。くるしまずに行って、今もおだやかな顔をしています」と話された。

病院にかけつけた大野新さんが、昨夜事務所に電話をくれたのだが、私の帰った後だった。

鶴見俊輔さんは、ある時「田中克己は転向したが、天野さんは沈黙した。転向しなかった」と言った。

大野新さんは天野さんの詩を「日本語の徹底した平明化・庶民化をめざす」と評した。だれでもわかることばで、詩を、ことばを、きわめ、自分を守った。

山田稔さんといっしょに、しばしば天野宅を訪ね、話を聞いた。古い映画や小説の話。それは、不思議な至福としかいいようのない気持の良い時間だった。八十四歳。

庄野さんは、その一年前、心臓の手術で入院、手術は成功と言われたが、そのまま入院生活が続き、天野さんの一カ月後、十一月二十六日に亡くなられた。七十八歳。

手術の前に、病院に見舞った時、「小便をとるのに、コンドームのようなものをかぶせるのかと思っていたが、尿道に管をつっこむ。女性の場合どうするのかなぁ」などと、たわいない話を楽しんだ。

葬儀は密葬のみ、無宗教で、ごくささやかに行われた。大谷晃一さんが経過を話し、庄野潤三さんが「英ちゃん」と呼びかけた。「英ちゃんの『ロッテルダムの灯』の中の、三篇は素晴らしい」と。

その日の骨上げには、大谷さん、弟の庄野至さん、長男の庄野光さん、と私が行った。大阪の南のはずれ瓜破斎場は工事中で、建物にはシートがかかっていた。殺風景な待合室で、光さんが買ってきてくれたジュースを飲みながら待った。

さかのぼって、この年六月には、竹中郁さんの長男竹中左右平さんが亡くなった。奥さんからの電話があって、びっくりした。どう言っていいのかわからなかった。五十三歳。十八日の通夜には激しい雨が降った。同年代の男たちが、激しく泣いた。この人は随分友達に思われたのだ。

九月二十九日には、足立巻一さんの奥さん淑さんが、妹さんに電話中、心臓マヒで亡くなられた（七十七歳）。葬儀（三十日）の後、ジュンク堂書店岡充孝さんの案内で、大谷晃一さん、間島保夫さん、妻藤恵美子さんと、そば屋へ行った。

翌一九九四年六月二十九日には、書肆季節社の政田岑生さんが、五十八歳で亡くなった。政田さんは桑島玄二さんの詩集を作り続けた。桑島さんが「マサダ、早すぎるやないか」と言うだろう。

一九九五（平成七）年一月十七日午前五時四十六分、阪神淡路大震災。箕面の団地の四階にあるわが家も激しく揺れ、妻は箪笥の下敷きになった。この時、画家津高和一夫妻が亡くなった。前年十一月二十八日、安水稔和詩集『震える木』の装幀画をもらいに西宮の御宅にうかがった。奥さんも顔を出され、二十年前の港野喜代子さんの話が出た。冬の光が広い庭の芝生にあたる天気の良い日だった。（葬儀は二月四日、伊丹会館で）

震災で新幹線が不通のままの二月十六日、岡山の永瀬清子さんが亡くなった。八十四歳。十八日、午後二時に行われる葬儀に、私は迂回ルートで岡山を目指した。大阪駅発北近畿一号・八時五分発に、乗っている。和田山から姫路に南下。和田山には雪が残っていた。「高らかに往復いびきをかく男がいて、この人はどこで目覚めるのか」と、この時のメモに書いている。私は永瀬さんは「ニッポンのお母さん」だと思っていた。「海鳴り」連載の「続かく逢った」は『かく逢った』に続き本にするつもりだったが未完となった。

東秀三さんが、あと三カ月の命と聞いたのは、七月二十三日だった。東さんは、一年前に不慮の事故で奥さんを亡くしていた。三人の息子は、「何かできることはないか」と言った。

東さんの著書『足立巻一』を、この年八月第一土曜の「夕暮れ忌」に合わせて発行準備中であった。「夕暮れ忌」には、東さんに講演してもらうことになっていた。

カバーの色校正は病院で見てもらった。夕暮れ忌当日、東さんは三男信人さんに付き添われ病院から出た。痩せていた。同八月二十五日、新阪急ホテルで『足立巻一』の出版記念会を四十一人で開いた。東さんは、もう少しすずしくなってから、と言ったのだが。

九月二十八日午後、病院にいた信人さんから電話があり、病院に急いだが間に合わなかった。病室には信人さんと東さんの姉さんがいた。最初、東さんは少し落ち着いて眠っているのだ、と思った。二人が何も言わないので、わかった。しばらくして大谷晃一さんが何も知らずに見舞いに来られた。

葬儀の日。一七一号線を走る。橋を渡ったところを左に曲がるとこれまでの病院への道なのだが、今日はそのまま道なりに右へ、私の身体が傾いた。

十月の終わり、妻といっしょに（妻の運転する車で）小旅行をした。行き先は三方五湖。東さんは長年トラベルライターの仕事もしていて、三方町と縁があった。毎春三方町から梅が送られてくる。奥さんが亡くなられた後の二春《ふた》、「どうもようせんのでもろうてくれるか」と、箱のままわが家がゆずり受けた。この春も梅酒や梅干しにし、梅酒の一びんを持って行った六月には、すでに東さんは酒が飲めなくなっていた。

五湖の一つ水月湖の畔、庭が湖に面した町営の宿舎「水月花」に泊まった。ここにはおひろめの時、東さんも泊まったはずである。沿道には梅林が続いていた。

翌日は、湖から若狭湾に突き出している常神半島の突端の村、常神まで足を伸ばした。途中、遊子、神子などの名の村がある。半島は名の通り神の場所なのか。常神では、民宿の庭先にある大ソテツ「常神の大ソテツ」を見、山の上にある灯台に登った。村は平地のほとんどない海岸にへばりつくように密集した小集落で、フグ料理の看板を上げた民宿や釣り宿を営んでいる。案内板には、東治朗、東恒一、あずまや、などの東さんがあり、実は私の本名は小西なのだが、小西長司、小西芳吉、小西一衛と、小西さんが三軒あった。

また、東さんの亡くなる半月程前、東さんと同じ「別冊關學文藝」の仲間であった渡辺益國さんも亡くなっている（九月十一日葬儀）。渡辺さんはガンと知って、石工たちを描い

た小説『危険屋佐平』をノアから出版した。(出版記念会、五月二十五日、新阪急ホテル)

昨年一九九六年十月には、柳原書店の鴨徳夫さんが、六十二歳で亡くなった(二十四日葬儀)。柳原書店とは書籍出版の取次会社。鴨さんと東さんはゴルフ仲間でもあり親しかった。私も創業時からたいへん世話になった。『大阪府書店商業組合五十年史』の、制作を受けたのも鴨さんの紹介で、春から夏にかけて、打ち合わせと称して続けて会った。

同月、森上多郎さんが亡くなったことは、四、五日後に知った。森上さんと私しか知らないことだが、私は森上さんの詩集が出せればと思っていた。勤務する池田においしいうなぎ屋があって、「奥さんと二人でおいで」と言ってもらっていたが、平日でないと店が開いてないということで、行けなかった。

年明けて、今日は一月二十一日。この頃になると、東さんが庭のすいせんをもってきてくれた。やはり旅の関係で、淡路島のすいせんをもらって移植したのが今では庭いっぱいになっているのだという。東さんの家には何度か行ったが、まだ庭一面に咲くすいせんは見ていない。

(「海鳴り」9号・一九九七年二月)

前号から続いて

前号（「海鳴り」9号）の「あとがき」で東秀三さんがなくなった一カ月後、十月の終わり、妻の運転する車で、若狭三方町に一泊旅行したことを書いた。

この小旅行がどこかで東さんとつながれば、という気持と、密かな、といえば大げさだが、ある風景、場所を見つけることができればという一つの期待もあった。また結果として思わぬ偶然の発見もあったのである。

三方町では、五湖の中央、水月湖畔の「水月花」に泊まった。ここは町営の国民宿舎「梅丈ロッジ」を建て替えたもので、新築披露に東さんも招待されている。

「水月花」までは一番内陸部にある三方湖から水月湖へと湖の西岸沿いの道を走った。

沿道には梅林が続き、梅製品を売る土産物店が何軒かあった。ほかに派手なビーチパラソルが立っているので何かと思ったら、老婦たちが自家製の梅干しを売る露店であった。一カ所に集まるでなく、点々と計ったように一定間隔をおいているのは約束事でもあるのかと思わせた。

夕方、空は薄曇り、風はなく、湖は静かに水をたたえている。湖面には東側の山と空が映っている。宿の庭が湖に面していて、父親と二人の息子が釣りをしている。部屋はすべて湖に向いている。

湖に闇が降りた。食事は一階の食堂でしたが、サバを丸ごと焼いた浜焼きが珍しかった。床につき、闇の底の湖を思うと、私の床はするすると湖上に出た。

翌日は晴れた。まず常神半島を突端の常神まで目指すことにした。五湖から若狭湾に小さく突き出した半島である。

このあたりの村落の地名が面白い。水月花から幹線道路に戻ったところが、「海山」、「海山」から坂道を登る。常神半島に入るのだ。トンネルがある。コンクリートが白く新しい。上に「塩坂越トンネル」と示されている。「塩坂越」、何と読むのか。「しゃくし」

と読むらしい。

私は、はて、と思った。「しゃくし」、どこかで聞いたような名前である。瞬間、ひらめくものがあった。田舎の母親に確認してもよいと思った。いや聞くまでのこともない。間違いない。

亡くなった父は、私が子供のころ「しゃくしへ壺網をつくりに行く」と言った。ヘンな名前、と思った。「しゃくし」とは、ご飯をよそう「しゃもじ」のことではないか。そういえば常神という名前にも記憶がある。

父は京都府の北、舞鶴市の北東、若狭湾に小さく突き出した半島の村の漁師で、「壺網」と言う定着網漁をしていた。

定着網とは、底引き網や、さし網のように、魚群をとらえて、掬ったり、網目に魚をさしたりする流し網と違って、文字通り、網を定着させる沿岸漁法で、漁の期間、定まった漁場に網をしかけ固定する。重しと浮きで海中に網を張るのだが、一方の綱（ロープ）は、島や岬の海岸に結びつける。沿岸の魚の通り道にしかける。網は大ざっぱに言って、道網と袋網から成る。道網というのは魚を通せんぼしてみちびく網部分で、いわば通路となる。魚は道網をとおって袋網に落ち込む。

定置網の朝の漁風景では、漁師が、かけ声をかけながら、網を引く。網に魚が飛びはねているのは、この袋部分の網だけを上げているのである。魚を取ると、袋はまたもとの海に戻す。

定置網の一番大がかりなものが大敷網で、つまり大きく広げ敷くのである。大敷網は袋がきんちゃくの形をしているので別名、きんちゃく網とも呼ばれている。

壺網は比べて小型である。特徴は名前のとおり壺の形をした袋網にある。口が小さく胴の張った壺を横にした形を想像していただきたい。中心の胴が一番ふくらんだ壺の形。口は一つで、尻は閉じられている。道網をつたって逃げ場を探してきた、たとえばぶりがじぶんの胴体すれすれに通れるほどの穴を見つける、網の破れ目か、いずれにせよ出口だと思って中に入る。袋網に落ち込んだ魚は、また元の入口から外に出ればよさそうなものだが、そこに漁師と魚の知恵くらべがある。穴は一匹の魚が通れるギリギリの小ささでなければならない。袋網は、昔は竹で作られた輪、今は樹脂パイプの輪で段階的にふくらませているが、海中で口も袋もひしゃげずに満々と張られていなければ当然魚は入らない。袋は一つの網に五つ六つあった。その仕掛けがどのようなものなのか私は知らなかったが、父は壺網を定置網の中の芸術とまで思っていた。

同じ網は二度と入れない、と言い、方眼紙に網の設計図を何度も書き直しては、一冬かけて網を作った。父は創意工夫の人であった。

わかめを採る鎌の改良もした。私の村では柄の長い鎌で箱めがねを覗いて、海底のわかめを採った。刈った鎌で、そのままわかめをひっかけて船に上げるのだが、海中のことであるから波に流される。はなはだ効率が悪い。父はこの鎌に間隔をおいて何本かの針をはんだづけしたもうひとつの刃をつけたのである。刈ったわかめは針にささって流れない。

その父が休漁する冬の間「しゃくし」の村へ、乞われて壺網を作りに行った。それは一冬だけのことではなかった。「しゃくし」とはこの村のことだったのだ。

トンネルを出ると、岬と岬の間の入江にしゃくし村が見えた。岬の山影、家並みの重なり、入江の海の色も、鏡で映したように私の村によく似ていた。道は村の上を走っているので、村中に下りることもなくそのまま通りすぎた。

次の入江の村が、遊子、小川、さらに神子と続き、突端に、山上に灯台もある岬の鼻に守られる形で常神の村があった。が、私の探している風景、漁港の入江の形は常神半島のどこにもなかった。

常神は平地がほとんどない。海岸の岸壁ぐらいのものである。岸壁には防波堤と漁業組合の建物、漁船が舫っている。家々は傾斜地にへばり付くように軒を寄せ合い、多くの家が民宿や釣り宿の看板をかかげている。案内板によると戸数五十五軒。中に東恒一、東治朗、あずまや等のあずまさんがあり、私の本名は小西なのだが小西一衛、小西芳吉、小西長司等の小西さんもあった。

岬の上の灯台に登った後、村中《なか》の民宿の裏庭にある「常神の大ソテツ」を見た。ソテツの家の玄関先を掃除している初老の男の人に「このあたりで映画のロケがなかったか」と聞いてみた。「高倉健、いしだあゆみ、田中裕子」などの名前をあげていると、奥から娘さんが出てきて、それは三方町ではなく美浜町で「日向（ひるが）」だろう、と言う。

これも本誌8号のあとがきで書いたことだが、私は一九九二年五月三十一日、日曜日、舞鶴の病院に入院している父を見舞った。梅田のバス停から舞鶴行きのバスに家族で乗った。その前々日、桑島玄二さんを見舞った。桑島さんは昏迷から昏睡に入りつつあった。父の方も母が看護婦から「白い着物を用意するように」と言われて一週間が過ぎていた。バスで流れたビデオは高倉健主演のやくざ映画で、大阪ミナミで「リュウ」の異名をとったやくざが、足を洗って、女房いしだあゆみの郷里の村で漁師になっていた。まず、私の目に飛び込んできたのは、横なぐりの雪が吹きつけ白波が押し寄せる入江の風景であった。これは日本海だ、それも私の郷里の半島の村から遠くない所にちがいないと瞬間的に思った。

この映画のタイトルバックに出たロケ地が、三方町だったと私は思い込み、常神半島のどこかの入江の漁村ではないか探していたのである。

常神半島を南下、塩坂越トンネルを逆にくぐり、半島の付け根の山、梅丈岳に登るレインボーラインと名付けられた有料道路に入る。

梅丈岳からは、内陸に広がる五つの湖と、若狭湾からはるかに広がる海が、一望できた。「日向」とは五湖の内一番海側の湖である。日向湖と海の接するところの家並みの遠景を目にして、私は納得した。

映画で、入江に漁船が入ってくると、防波堤の中央に橋が架かっていて、橋をくぐり内海に入る。入江の内側にも海があった。入江に橋の架かる漁港、というのが不思議だった。私が入江の内側の海だと思っていたのは、この日向湖であったのだ。ここからは見えないが、つまり橋は入江と湖の間に架かっているに違いない。

高倉健といしだあゆみの結婚式の場面で、黄昏時（あるいは夜明け前か）白無垢姿の花嫁は、黒紋付きの人々に守られ、船に乗って嫁入りをする。橋の上に新郎高倉健を中心に花嫁を迎える人々が、手に手に提灯を持ち並んでいる。白無垢の白と、薄闇の中の提灯の明かりが綺麗だった。
山を降りて橋の上に立った。海はないでいた。日向湖と海とは、川のような水路で繋がっており、橋が架かっていた。ちょうど入港してくる漁船があり、水尾をたてて小さな海の橋をくぐった。

（「海鳴り」10号・一九九八年二月）

馬とラ・フランス

「海鳴り」今号(13)で大塚滋さんが追悼文を書いている、中石孝さんの葬儀が行われたのは、昨秋(一九九九年)十一月十七日、東京都練馬区春日町四丁目の愛染院会館でだった。中石さんの住所は、春日町五丁目だから、家は近いのだろう。

前夜の通夜式に、私が会場に着いたのは式の終了の七時をすでに過ぎていた。中央通路の両側に、親族席と、会葬者席が向かい合ってつくられ、親族の方々は残って席についていたが、会葬者側は無人のパイプ椅子が並んでいるだけであった。

私は顔を見知っている最前列の喜代子夫人に挨拶をした。夫人には一度だけ会っている。夫妻で来阪の折、中津のわが社の近くの小料理屋で初めて顔を合わせた。中石さんはこの店を気に入ったようで、競馬のことで話がはずんでいた料理人に亡くなったことを話すと、私と会う時以外にも、三度は奥さんと二人で来た、という。

中石さんは大阪育ちで、妹さんが枚方にいてお母さんをみていると聞いていたが、よく中津に宿をとった。（関西のG1レースに頻繁に来阪した）

その日は、カウンター席で中石さんと私が話す間、奥さんは気軽に隣の若いアベックと話していた。私はこれまで読んだ中石さんの夫婦小説、たとえば「祝婚歌」「錫婚式」などの印象から、プライドが高く気むずかしい、そんなところから痩せ型の女性を想像していたが、むしろ正反対であった。小柄でふっくらとして、気さくでかまえるところがない。さばさばとした江戸の女というところか。行動的にも見える。中石さんは夫人の人脈をも含め、奥さん自慢の口ぶりもあった。

夫人は気丈に見えた。大塚さんが書いているように、息子さんが医者でもあり、解剖もしたが死の病名は不明だという。

私は、この秋、中石さんの生まれ故郷の四国に、二人で旅行に行こう、という話があったことを言った。


翌朝十時からの葬儀は無宗教の「お別れ会」として行われた。

祭壇は中央に写真、菊の花が二段に飾られ、前に果物などの供物、その手前に焼香台が置かれていた。献花でなく無宗教で焼香というのは、夫人が香道をされるからだろうか。会は、宗教的儀式が一切ないのはもちろんだが、弔辞も無く、文字通り、焼香と棺を開いての「お別れ」に時間がとられた。

焼香台の横には、中石さんの著書が並べられてあった。中にはノアで出した『織田作之助　雨　螢　金木犀』もあった。大阪文学叢書の四冊目として、前年（一九九八）六月発行。

書名は最初『織田作之助──抒情の詩人』とつけられたが、同叢書の3『北條秀司詩情の達人』（田辺明雄著）に近いので、「雨　螢　金木犀」に落ち着いた。放浪無頼のイメージの強い作之助は、むしろそれらに象徴される抒情詩人であったという主調でとらえられている。「あとがき」で著者は、この書は評伝でもなければ研究書でもない、とことわっている。

「私は生粋の大阪人ではない。……だが感受性の決定するといわれる十代半ばの中学生（旧制）時代を大阪で送ったこと、そして六十年近くも大阪に実家があるということは、その後の私に大きな影響を与えたことはいうまでもない。ふるさとの意識は、生れ育った四国の海辺の町よりは、この大阪の町の方により強いものがある。作之助ふうに云えば、私には大阪が〈わが町〉なのである。

さらに「思い入れの強かった作家織田作之助への、これは旅のようなもの」と続ける。つまり〈わが町〉への旅であったのだ。

私は帯に――『哀傷と孤独の文学』を跡づける、大阪出身作家の愛惜紀行――と記した。

「哀傷と孤独の文学」というのは、宇野浩二が織田作品を評した言葉から取っているが、そのまま中石孝の文学にもあてはまるのではないか。

並べられた著書の前で、私は少し立ち止まった。「お別れ」は、棺を中央に、傍に夫人、少し空間を置いて会葬者が囲んだ。

中石さんは、変な言い方だが、顔色も良く、黄疸も見られず、眠っているというよりは生きているように見えた。顔を見るだけでは、痩せたという感じもなく、私の、中石さんと変わりなかった。

棺の中、お腹のところに愛用のソフト帽子、胸のところに著書『夢を紡ぐ』『祝婚歌』『学校ぎらい　硝子の少女』『開かれぬ手紙』『白鳥双子島』『織田作之助――』それに一九九九年七月に出版された『平家れくいえむ紀行』（新潮社）が入れられた。

棺を前にして、喜代子夫人の挨拶があった。六月から不調を言い、今年の夏はとくに暑くつらい様子でやせていったことから淡々と話された。

昨年の大阪のノアでの本の出版、今年七月の新潮社からの『平家れくいえむ紀行』の出版と、充実した最後で本人も悔いはないとおもう、と。

この日は天気がよく、住宅地の中の寺に隣接する会館の門のところ、たけ高く茂った木の葉が陽に光っていた。会葬者の中に、私の知っている人は一人もいなかった。

私は中石孝さんを見送るために東京へ来た。霊柩車を見送った後、隣の寺の境内に入った。信仰心があるわけではないが、本堂の前に立つ。

中石さんとした約束のいくつか。この秋の四国への旅。これからもいっしょになって本を出そう。競馬の本、平家も、もう一冊、最近始めた選書シリーズ「ノアコレクション」に入れられないか。

充実した最後ではあったにしろ、私はもっともっと中石さんと深く長いお付き合いをしたいと思っていた。逝ってしまった中石さんに思いをどうつなげばいいのだろう。

『平家れくいえむ紀行』の中、A、と書かれているのは東秀三さんのことである。

「彼の場合は妻とは違い、内臓にできた腫瘍であった。病院に検査入院した時は、すでに完全な手遅れだったという。亡くなる一月《ひとつき》前の八月の末の暑い盛りの日に、私は退院して自宅療養している彼を、大阪高槻の彼の自宅に見舞った……」

この日、中石さんと私は阪急高槻駅で待ち合わせた。その前、東さんの『足立巻一』の出版記念会が八月二十五日、新阪急ホテルで開かれていたが、中石さんは出席できなかった。ために後日の見舞いとなった。

帰りに梅田へ出て、東さんに教えられた茶屋町の「司」で少し呑んだ。この時私は、東さんの命が残り少ないことを知らされていたが、中石さんには言わなかった。

東さんは、九月十九日再入院。九月二十八日亡くなった。

中石さんを私に引き合わせたのは東さんである。

「中石孝が『文学雑誌*』に帰ってくる」

と東さんが前宣伝した。東さんが、うれしそうに心強そうに言う、「中石孝」なる人を、私はまったく知らなかった。

その後、仕事中に電話があった。夕方のまだ早い時間である。中津の店にいるという。この店は私が東さんを誘い、その後逆に東さんが主のようになった。乞われて書いた色紙がかざられていた。

「中石さんがいっしょや」

と東さんは意気込んで言った。すぐに来いというのである。

中石さんは、はにかみながらも斜にかまえていた。この日、近くの「カラオケ」にも行った。東さんがヘタながらハマっている時で、機嫌が良かった。


中石さんと二人だけで話したのは、神戸岡本の島京子さん宅からの帰り、阪急電車の中であった。

編集者といっしょにできるようなかたちで仕事がしたい。

と中石さんは、仮に編集者である私の出かたをうかがうような言い方をした。

テーマを与えて欲しい。自分の中から、よりよいものを引き出して欲しい。

こんなふうに言う人が、いる。

「やっかいな」と私は思う。私にそんな力はない。自分で自分を引き出してください。

と思いながら、たまたま手元にあった「織田作之助」という球を中石孝という作家の何もわからずに投げた。

ノアで出している大阪文学叢書のシリーズに「織田作之助」は欠くべからざるもので

あった。だがこの叢書は基本的には、一冊分書き下ろしで、とりあげる作家と書く作家の組み合わせがむずかしく、「梶井基次郎」「三好達治」「北條秀司」の三冊しか出せていなかった。

中石さんが元々は大阪の人とは知っていたが、期待した訳ではなかった。私としては「ひょうたんからこま」であった。が中石さんにとっては、〈わが町〉織田作之助であったのだ。

東秀三さんとのつながりが中石さんにつながった。いや東さんが自分の亡き後に残してくれた存在のように、私には思えた。

「織田作之助」の原稿三六三枚が書き上がったのが発行の前年の九月三十日、その日付の原稿にそえられた手紙。

「本当にいいものにするには、片言隻句まで遠慮なくクレーム出して下さい。校閲も兼ねるのは大変でしょうが、よろしく願います。どうにか書き上げ、明日巴里へ発ちます。」

同書のエピローグは、パリ郊外、ブローニュの森にあるロンシャン競馬場、第76回凱旋門賞の観戦。織田作之助が死ぬ前、最後を看取った輪島昭子に、レマルクの「凱旋門」を、声に出して読ませたということで終わっている。

この著作は、中石さんの大阪回帰「織田作之助」に違いないが、いくらか私も伴走した。その中、

「昨夜、住吉大社で、見事な十六夜《いざよい》の月を眺められた倖せをしみじみと思った。本殿の千木の上にかかる月は、白く皎々と輝き、『平家物語』の〈月見〉の段でも月を眺める名所の地に、この住吉が挙げられているのを初めて実感として知った。（略）反橋の上から同行のKとしばらく十六夜の月を眺めていた。」

Kとは、私のことである。中石さんと二人、住吉大社で月を見た。前日の満月を中石さんは京都で見ている。

不思議な光景に出くわした。「本殿の、すでに閉された格子ふうな朱塗りの門の前と反橋近くを、しきりに往き来する若い女がいることに気がついた」なにか、と思った。夜、こんなところに若い女である。しかもはだしである。よく見るとお百度参りをしているのだ。

「一人は白いブラウスに黒いスラックスを穿いていた。夜目にも楚々たる感じだった」。一人ではなかった、二人、いやお百度を終えて鳥居のところで休んでいる女もいた。「あの女たちは、何を神に祈るのだろう。月にも併せ祈るのだろうか。編集者のKも、いたく祈る女たちに興味をもったようであった。」

本誌「海鳴り」の発行は、遅れるのが常なのだが、昨年秋の12号は、山田稔さんの「北園町九十三番地——天野忠さんのこと」の連載があることから、十月十日の天野忠さんの七回忌に間に合わせるかたちで発行できた。

10号からのレギュラー執筆者である中石さんの原稿「沙羅の花」も載っていて、出来上がりの電話を入れたのは、記録はないのだが、八日か九日のどちらかだと思う。

体調も思わしくなく食欲もない、来週には病院で検査を受ける、という話だった。その後、中石さんからの電話はなかった。検査の結果がどうだったのか、こちらから聞きかねた。大塚滋さんは何か知っているだろうか、と電話をかけたのである。

大塚さんが中石さん宅に電話して、たまたま病院から帰っていた妹さんから聞いた病状を伝え聞いた。大塚さんは病室の奥さんとも電話で話していて、私も病室の電話番号を知らされたが、電話はしなかった。そんな時、中石さんからの宅急便が届いたのである。中味は、山形産の「ラ・フランス」で、産地から直送されてきた。

私はびっくりして、病室に電話をした。

喜代子夫人が出た。病状は大塚さんから聞いた通りで思わしくなかったが、意識ははっきりしているということで、この時期に親しい人たちに「ラ・フランス」を産地直送で贈っているが、夫人の方は今年は見合わすと言ったのに、中石さんは名前をあげたのだと言う。最後まで意識ははっきりしていた、と夫人は後に言った。

なくなる一週間前に、「ラ・フランス」を贈られたのである。

しっとりと潤んだ舌ざわり、甘く香り高い果実を私はゆっくり味わった。

（「海鳴り」13号・二〇〇〇年五月）

＊「文学雑誌」、藤澤桓夫、長沖一、織田作之助編集で一九四六年十二月創刊。以後同人に井上靖、杉山平一、庄野潤三、石浜恒夫、瀬川健一郎、庄野英二、吉田定一、磯田敏夫、秋田実、吉田留三郎、石塚茂子、岡田誠三、島津愛子、沢野久雄、花登筐、鬼内仙次、駒井五十二、松本克己、渋谷一雄、小野勇、西原寛治、仁田義男、大塚滋、瀬川保、中谷榮一、東秀三、橋本都耶子、中石孝、五島鴨平、中西源吾、竹谷正、枡谷優らが加わった。二〇一四年十二月現在、第九十号。

二つの海——讃岐の海

妻の運転する車が、明石海峡大橋を渡ったのは、午前十一時二十五分であった。箕面の家を出たのが十時二十分。丁度、淡路島で花博が開催されている日曜日だったので、渋滞を覚悟したが、中国縦貫道は順調に流れ、山陽自動車道に入ると、前方には徳島行きの高速バスと、三、四台の車を見るほどになった。（二〇〇〇年五月十四日、日曜日）

長い長い舞子トンネルを出ると、ひらけた目前に海と明石海峡大橋があった。渡るのは初めてである。海峡に架かる橋の建設物としての遠近は前衛芸術のように美しくもある。橋を渡ると左手下に花博会場、大観覧車も見えた。島を縦貫し鳴門大橋が十二時七分。

鳴門から国道十一号線を北上する。道は海岸に沿っている。この時のメモに私は、

「海岸線。空はどんよりとくもり、空と海のさかいがわからないほど、茫洋としてい

る」

と書き、海岸線のスケッチを残している。定置網なのか、浮きが黒く点々と並んでいるのが目にとまった。

中石孝は、このあたり讃岐の東の海を、

国道11号線沿いに見える海は、瀬戸内とは思えぬほどどす黒く、その上白い波頭がしきりに立っていた。あいかわらず風は強かった。三月だというのに寒のもどりがきて、天気は不安定であった。

と、『平家れくいえむ紀行』（新潮社）の中で書いている。

今は五月、それほどの風はなく、波頭までは立っていないが、灰色の重たい海である。

『平家れくいえむ紀行』とは、書名の表す通り、中石さんが平家ゆかりの地を歩き、史実と物語をたどったものである。

「屋島の平家を討たんと摂津から船出した義経が、阿波の国に上陸し」、讃岐国引田《さぬきのくにひけた》で、馬を休めたところから馬宿《うまやど》と称されたという。

この日、中石さんは、奥さんと二人、徳島空港から、引田へと向かった。途中、「土佐泊という小鳴門橋の海のほとりの小高い場所には、「小宰相の墓」があり、何度か訪れている、と書いている。小宰相は平通盛の死を追って、身重の身を海に投じた。

同書の「あとがき」では、

四国の東讃のはずれのその海辺の町で、私は生れ育った。が、一家の転居で、中学から は大阪で暮らすようになった。私の内部《なか》で、その町はしだいに疎んじられて行き、親戚縁者がしだいに死に絶えると、一層遠い存在となった。

と書く。つまり東讃の海辺の町とは香川県大川郡引田町のことで、義経が人馬を休めた馬宿であり、中石さんの生まれ故郷なのだ。

「海鳴り」前号で、なくなった中石さんと、その秋に二人で中石さんの生まれ故郷を中心に、旅をしようと約束したことを書いた。果たせなかった旅をしようと思いたった。海岸線を、どこか食事するところはないかと思って走っていたが、前に人だかりがしている海産物の店があって、車を止めた。内は広く魚を食べさせる食堂になっていた。

私は、おまかせ定食を注文。てんぷら、きすの酢漬け、さしみはハマチ、にワカメの味噌汁が付いてきた。大椀にいっぱい入ったワカメ汁は絶品であった。別にとったメバルの煮付けは一皿に三匹のっていた。新鮮で身が張っている。

昼間ではあるが、私が車の運転をするわけではないのでビールを注文した。中ビンで充分なのだが大ビンしかない。

「中石さんの、分もやから」

と妻は言った。

食事をしたのは鳴門市の北の端で、少し走ると徳島県から香川県引田町に入る。引田町で午後一時二十四分。私は地図と時計係である。

しかし、中石さんの故郷の引田町に入り、道路沿いの町並みを注意深く見ながらも、そのまま素通りした。引田町の隣の町、白鳥《しろとり》に先に行くためである。

白鳥は日本武尊を祀った白鳥神社の町で、境内の松原の中に、桑島玄二の詩碑がある。

私は詩碑除幕式が行われた時、一度来ている。その時のルートは、甲子園フェリーで津名港、徳島行きのバスで鳴門下車、高松方面行きに乗り換えた。夏の晴れた暑い日だった。

明石海峡大橋はまだなかった。（一九九五年七月十五日）

バスを降りて神社へ歩いた道を覚えていた。境内の社務所の前に駐車場があり、樟の大樹の下に車を止めた。小雨がぱらついている。午後一時三十八分。この時のメモ。

「口紅をぬろう」（妻）

「玄さんに会うからな」（私）

「魚くさくて悪いけど」（妻）。妻は先の食堂で「さしみ定食」を食べていた。

社の本殿、大鈴の寄進者の名前に中石姓が何人かあった。やはりこのあたりはゆかりの地なのである。

詩碑は、社殿を抜けた裏の広い松原の中にある。記憶の場所に詩碑はあった。

「白鳥の松原」と「津田の松原」は
播磨灘に沿って隣接する白砂青松だが
この地では青松白砂と呼び慣れていたのを
古絵葉書で確かめた　白砂も白沙で

夏の汀では稚魚が手拭いで抄えたものだ

碑面は二つの陶板で組み合わされている。一枚の大きさでは割れてしまうというのである。除幕式の日、見たときは、もっと赤く明るい土の色だったような気がするが、今は茶色っぽい草みどりになっている。ありが一匹、碑の下をはっている。

この詩碑は桑島玄二の望みだった。没後の建立となったが、詩碑用の右の詩も原稿用紙に書き残していた。その字をそのまま使っている。

私は桑島さんが詩碑を建てたいといった時、賛成しなかった。詩人は詩だけを残し風のように死ぬのが詩人らしい。詩碑とは不粋であるし、建てるにしても他人が起こすものではないか、という思いがあった。

だが桑島さんは、桑島家の墓地に隣接する空地を義姉さんに話して提供してもらい、碑は教授をしている大阪芸術大学の者に作らせる、とまで計画し、何人かで下見旅行までしていた。私は参加しなかった。

しかし没後、宮崎修二朗さんを中心に話がすすみ、白鳥町に建立の会が出来、白鳥神社が場所を提供することとなった。寄付金が集められたが私は狭量にも出さなかった。迷いながらも除幕式には出席した。

桑島さんには詩碑を建てたい理由があった。桑島さんは事情があって、戸籍名は丸山である。奥さんの姓で、いわば婿養子となっている。

丸山家の菩提寺は尼崎にある。そこに丸山玄二で葬られている。桑島の名は残らない。白鳥の桑島家の墓に入ることもない。白鳥への望郷の念が強かったに違いない。

除幕式の日、松林の中に立った、真新しい詩碑を見ながらいやな気持はしなかった。桑島さんが子供の頃遊んだ青松白砂に、桑島玄二が立っていた。詩碑を墓として建てたかったのだ、と素直に思えた。その詩碑がある確かさで、今日ここを目指すことも出来た。

中石孝は、生前桑島さんと面識があったわけではないが、平家れくいえむ旅行の最後となった旅で、ここを訪れている。小学生の時、近隣小学校連合運動会が白鳥海岸の砂地のグラウンドで行われた、という。引田の浜の砂は黒っぽいのに、白鳥の砂は白くきれいだった。松原の詩碑を見た後に続く文章。(死後刊行された『華ある老後《とき》を求めて』)

桑島玄二は、鳥居前の湊屋の息子だったという。湊屋は葡萄餅の元祖で、有名だった。

……葡萄餅はむろん、玩具をはじめ衣類など色んなものを売っていた記憶がある。あのやや薄暗かった店の湊屋から、一人の詩人が生れ出たのか、と私はしばらく顔も知らぬ詩人の顔をあれこれ想像していた。

親しくさせてもらった、桑島玄二。「教授」といささか揶揄して呼び、「玄さん」と、年長者に対して失礼にも呼んだ桑島玄二と、この地をいっしょに旅をしようとした中石孝が、このように結びつく。

中石さんは「海岸へ出た」。私たちも海岸へ出る。中石さんの文章を続ける。

美しい砂浜の海岸も、今はテトラポットなどの防浪壁でうち固められ、美観を損うとおびただしかった。が、眼を海の方に向けると、右手の突き出た岬に近く二つの小さな島が見える。

双子島である。私は海に小さく突き出した石積みの突堤から右手の岬の先を見る。確かに二つの島が並んでいる。あれがそうだろうか。少し大きい方は二《ふた》こぶのかたちをしている。その海で不幸があった。中石孝『白鳥双子島』は、いたましい作品である。「叔父と二人の息子が海へ行き、ボートに乗って沖へ出て、双子島まで行ってその帰り、ボートが転覆して、叔父だけが泳ぎついて助かった」出来事を書いている。その叔父もすでに亡い。「もう眼をそむけたくなるような想いは湧かないが」と、中石さんがながめた双子島の方向を定める。

浜辺の家の前で、車を洗っている初老の男に、あれが双子島かと聞くと、そうだ、と言う。

私たちは白鳥の砂浜をしばし逍遥した。海はないでいた。妻は打ち上げられたてんぐさを拾った。小川が流れ込む河原で男が二人、何か掘っているので聞くと、ごかい、だという。

松原の中を突き抜けている海岸道路に戻る。玄二詩碑除幕式の記念行事が行われた旅館の前を通り、再び詩碑に別れをつげ、社務所に立ち寄って猪熊宮司と少し話した。本殿鈴の寄進者の中の中石姓のことを聞くと、引田より大内町に多い姓だという。

鳥居前の湊屋へ行く。前も名物葡萄餅を買って帰った。ぶどうの粒の形をしている。白鳥とぶどうとどう関係があるのかは知らない。かつて門前町として栄えた頃は葡萄餅屋が何軒もあったという。

母親が葡萄餅でためた金で、玄二は若くから次々詩集を出した。

「足立（巻一）っつあんが、うらやましがってなあ」

と話した。

「五十男がまだ母親からお金をもらっていた」と自筆年譜に書いている。

店は改築され、今風に明るくなっていた。義姉は（玄二の）甥が、東京から帰ってきて、店を継いでくれている、と表情も明るかった。


中石さんは桑島玄二の詩碑を見た後、父の墓に参りたくなり、タクシーで引田に行く。私たちもその後を追う。出来れば引田を訪れたあかしに中石家の墓にもまいりたいと思い、東京の夫人に何度か電話したがうまくつながらなかった。この旅の途中にも電話したが寺の名前を知ることは出来なかった。

引田町に入る。どこをどう、なにをたずねてよいものやら。町並みを見ながら、国道沿いのさぬき和三盆の店「ばいこう堂」に車を止める。

実は中石さんがはじめてわが社を訪れた時、「ばいこう堂」の和三盆を茶菓子に出した。

中石さんに合わせわざわざ故郷の菓子を出したのか、と中石さんは聞いたが、それはそうではなく、不思議な偶然であった。

土産に和三盆を買い、手がかりとして「馬宿」の場所を聞いた。町のはずれで川を渡った海岸側あたりだという。さらに南下、川を渡る。この川が馬宿川である。細い道を集落へ入る。通りを抜けると小さな入江に出た。小さな漁船、中にはボートもつながれている。右側に小さな神社があり、境内を抜けると防砂堤越しに海が見えた。

あたりは十五戸ばかりの小村で、神社の鳥居のところで立ち話をしている小母さんに、このあたりに中石という家はあるかと聞いた。

ないという。当然のことであろう。馬宿は中石さんの祖母の里であり、その家もすでにないと書かれているのだ。中石一家にしても、中石さんが中学生の時には引田の町を出ている。

中石さんが墓参りをすませる。寺の庭には暮色が忍びよっていた。苔の色があざやかな庭に一輪の白い花びらが散った。白い花弁が点々とある。「沙羅の花」である。

「海鳴り」12号に掲載されている「沙羅の花」の最後のところである。そしてこの故郷引田の墓参が中石さんの平家の最後の旅となった。

「親戚縁者がしだいに死に絶えると、一層遠い存在」となってしまった引田。だが「私もまた九郎判官義経が休息したあの海辺の町から、結局は逃げきれなかったことを、いや生れ育ったあの土地の精霊から自由ではありえなかったことを、平家ゆかりの旅をつづけ……常に感じていた」(『平家れくいえむ紀行』「あとがき」)と、はっきり書いている。各地に及ぶ平家れくいえむ紀行の円環は、引田であった。と、そしてその旅のおさらいを中石さんと私はするはずだった。馬宿、午後四時三十分。

その日は徳島に泊まり、翌朝、眉山のふもとにある寺の庄野家の墓にまいった。


(「海鳴り」14号・二〇〇一年五月)

文芸の方舟　新しい海

前号の編集後記のタイトルを「二つの海」とした。一つの海は、亡くなった中石孝さんゆかりの香川県引田、隣りあう白鳥の松原にある桑島玄二詩碑への旅、つまり讃岐の海のことであった。

もうひとつの海は、「文芸の方舟　新しい海」と題して行った、編集工房ノア創業二十五周年記念事業のことである。すでに二年前（二〇〇〇年）の秋のこととなるのだが……。

事業とはおおげさだが、その一つは、九月二十八日（木曜日）、新阪急ホテル、二階・花の間で、六時三十分から、記念会を開いた。

発起人に、大谷晃一さん、島京子さん、杉山平一さん、鶴見俊輔さん、安水稔和さん、山田稔さんに、なっていただいた。

この日二十八日は、編集者であり作家であり兄とも思った東秀三さんの命日であり、わが妻の誕生日でもある。

案内状の挨拶文は、竹内和夫さんが書いてくれた。

残暑の中にも、秋かぜ馴寄る候となりました。

出版事業の中央一極傾向が顕著な今日、この関西の地において、たゆまぬ情熱を傾けて散文、詩歌等の文芸書を数多く世に送り出し、その出版物の品格の高さはすでに定評のあるところであります。これはとりもなおさず、文芸の創造に携わるわたしたちに大いなる勇気を与えるものでありました。……この文芸の方舟がさらなる新しい海に船出する激励をかねて……

自分で書き写しているわけで、いい気なものであるが、記録としておゆるし願いたい。

冒頭の季節の言葉、耳なれない「秋かぜ馴寄る候」というのは、天野忠さんにもらった色紙の言葉を私が借りた。

会のことは、鶴見さんが「京都新聞」に、今江祥智さんが「産経新聞」に書いてくださった。本号（「海鳴り」15）に収録させていただいた。

鶴見さんが書かれているように、会は書店員ジュンク堂の岡充孝さんの創作落語「二人づれ」で始まった。作は大塚滋さん。主人公が記念会の会場にふらりとあらわれ、私たち夫婦について問わず語りをする。実はホテル側がこの会のテープ録音をしてくれたのだが、そのテープが出てこない。なぜか。この日の岡さんの芸名は「せんこう亭ほん也」。ステージの上にさらに台を置き、座布団の上に浴衣姿で語っている。今、写真を見ている。

落語が終わると初めて司会登場。司会者は大塚滋さん。会場の右肩に立つ。美人のアシスタントをつけてくれというので元サンケイ学園の中井憲子さんにお願いした。挨拶、スピーチ、お話しいただく方のそれぞれの紹介は、肩書きでなくノアから出した著書名でおこなった。

発起人を代表して、杉山平一さんの挨拶。鶴見さんが書いておられるように、「海鳴り」のことを引いて話された。

次に鶴見俊輔さんは、今日の会は、年長の杉山さんが出席のはずで、安心感をもって来たことをはじめに、「天野忠の本を十三冊出すことによって出版社としての目鼻立ちを持った」「ノアは十九世紀を思わせる出版社で、私は、十九世紀が二十世紀、二十一世紀に劣っているとは思わない」と話された。家を出る前に事典で、杉山さんの年齢を確かめた。天野さんの十三冊も正確である。簡潔な演説であった。

次の島京子さんは、この会のことを一番最初に言い出してくれた。そこで岡さんに落語をしてもらおう、と最初に決まったのだ。

島さんの後、「献杯と乾杯」を木村重信さんにお願いした。「献杯」というのは、ノアの筆者で、亡くなられた方々に対するもので、司会者は、港野喜代子、清水正一、足立巻一、富士正晴、桑島玄二、天野忠、庄野英二、東秀三の名を上げた。

木村さんが、その中からもれた秋田実さんの名前を上げ、その娘さんで児童文学作家の藤田富美恵さんが出席していることを話された（秋田実著『大阪笑話史』を出版している）。私は生前の秋田実さんにはお会い出来なかった。

乾杯の後は、「歓談」の時間で、妻の敬子と会場を半分に分けて出席いただいた方にお礼の挨拶にまわった。

実はこの時、私は軽いびっこをひいていたはずである。前日、風呂のアルミサッシのドアに足をはさんで足の甲を切った。

忙しい日々が続いていた。記念会の準備もなにやかやと重なったし、会に間に合わせるための出版もあり、点数も普段の月の倍となった。地に足が着いていなかったというか、身体と時間がどこかでずれていたのだと思う。

この傷でつんのめる体勢のバランスをとったのかもしれない。鉤形の傷で、五針縫った。左足の靴はひもをせずに履いた。

後半のスピーチの前に抽選会をした。賞品は図書券。会場で本を販売、歓談の時間に著者サイン会をしてもらった。

後半のスピーチは、安水稔和さん、山田稔さん、石井亮一さん、今江祥智さん、伊勢田史郎さん、島田陽子さん、牧口一二さんが、してくださった。ノアを今日まで育ててくださった縁の深い方々である。

鶴見さんが書いておられるように、山田さんのスピーチの時、東京から来られた画家・阿部慎蔵さんにも壇上へ上がってもらった。

大槻鉄男『樹木幻想』出版からのご縁のお二人である。生前の大槻さんにも私は会うことはなかった。四十八歳の遺稿集だった。

さらに鶴見さんは、山田さんの『北園町九十三番地——天野忠さんのこと』のサインパーティーをかねた集まり、と書いている。この本は山田さんが天野さんとのおつき合いを書いたものだが、私も登場し、いわばノアの歩みの目鼻立ちのところも書かれていて、二十五年をあらわす記念出版といえる。この本の発行日を私の誕生日の九月七日にした。

今江祥智さんは、本造り装幀までも楽しまれる人で、平野甲賀さん装幀の『北園町』を、「本らしくて洒落た一冊」と言ってくださった。御自身の著書も、平野さん装幀の本が何点もある。ノアからは宇野亜喜良さん装幀で二冊出した。

安水稔和さんは、ノアで今もっとも出版点数の多い著者である。「これからも出したい本がいっぱいあるので、死なないで」と言われた。「死にません」。

島田陽子さんの、『大阪ことばあそびうた』『金子みすゞへの旅』は、ノアで良く売れている本である。

伊勢田史郎さんは、詩とエッセイの雑誌「階段」とそのエッセイをまとめたアンソロジー、とおつきあいがある。

牧口一二さんとは、私が二十歳の頃、雑誌編集者の時代に知り合った。ノアの初めの頃『われら何を掴むか』という障害者運動の原点となる著書がある。

石井亮一さんは、神戸ナビール文学賞を主催する代表者。ノアの本も、小説、詩とも何冊かが賞を受けている。

ふたたび歓談。

浮田要三画伯の画、花束の贈呈を受けた後、「お礼の言葉」として、涸沢純平と小西敬子が壇上に立つ。

大塚滋さんが、「どれぐらい話す、十分ぐらい……」と、暗に長くならないようにと示されたが、一生に一度という思いがあった。

何を話すか、いよいよこの日が近づいて、眠る前に考えておかねばと思ったが、あれもこれもと浮かんで、まとまらなかった。そのまま壇上に立った。

私は、亡くなった寺島珠雄さんに、「大阪一の幸せもん」と言われたことを枕に、話しはじめた。

さまざまな著者に出会った。たくさんの方々が亡くなられた。

まず最初に出会ったのは港野喜代子。港野の人脈をたより、詩集『凍り絵』をだした。が半月後に突然死した。私はこの人のことを母とも思った。

十三の蒲鉾屋の詩人・清水正一のことは、父以上に父と思った。

桑島玄二、東秀三は、年の離れた、兄という思いであった。

桑島玄二に、「わしがおらなんだら野垂れ死にやで」と、どこまでも面倒見が良かった足立巻一。ノアの十周年の時は、記念の著者、色紙・装幀原画展を進んでバックアップしてくれた。

不利な条件のなかで良心の出版をつづけている涸沢純平君の編集工房ノアも、この秋には創立十周年を迎えます。ひそかに応援してきたひとりとしてうれしいことです。ついては苦闘と不屈との業績を祝い、これからの営為をはげまし、大阪・神戸で記念展を開くことを企てました。私の出しゃばりを許し、ご協力いただければありがたいことです。

足立さんの呼びかけの文章である。やさしいおおきな伯父さんであった。

天野さんは、肉親にたとえられない偉大な詩人であった。『続天野忠詩集』で毎日出版文化賞を受けた式の帰りの新幹線の内で、「貧者の一灯」と言われ、白い封筒をさし出された。

富士正晴さんは、豪放磊落を装いながら、細かい気づかいをされる人であった。涸沢が「勝手に作りよった」とは、富士流である。

庄野英二さんの本は、十四冊出した。お酒のお供もした。「君といると気楽でいいわ」は庄野さん。

こうした何ものにもかえがたいおつき合いがさせてもらえたのも、すべてこの仕事のおかげであった。

ここまでは、皆、ニヤニヤ笑いながら聞いてくれていた。私の話はこの後も続いた。その時、前方中央におられた安水稔和さんが、まだ続くの、と言った表情で苦笑されたのを目に留めたのだが……。

この後、今日出席してくださった人たちのことは決して忘れない、この壇上で一人ひとりの顔を覚えている、と言った。しかしながら今見直す出席者名簿、写真の中には知らない人が何人かいる。

出版社というよりは本造りの職人で、未だに流通のことはわからない。といわでもがなのことまで言った。名古屋から大阪ジュンク堂にノアの本を買いに来るという人の読者カードまで読んだ。知らないところで読者に支えられていることを言いたかったのだ。

妻が、袖を引っぱった。

東秀三さんが残した言葉「死ぬまで働いたらええやないか」、さらに「欲をかかずに」

で、ようやく長い長いりんかくのない演説を終えた。

「あんたは、ありがとうだけ言えばいいんよ」と妻。

最後は、明確に簡潔に、大谷晃一さんがしめくくってくださった。

「足立さんや、庄野さんに、ノアをつぶしたらいかん、と言われてきたが、どうやらその心配もいらないようである」


この記念会に先立ち、ジュンク堂堂島大阪本店で、九月十六日から十月十五日まで、「戦後関西の同人雑誌、詩誌展／ノア25年の歩み展」を開いた。ノアにかかわる作家の生原稿、装幀原画、カバー装幀のパネル展示などと同時に、関西の同人誌約二〇〇冊を展示した。同人雑誌展は、ジュンク堂・岡充孝さんのアイデアで、ノアだけでは公共性にかけるのと、関西の同人雑誌の土壌の上にノアの出版があるというのである。

同人雑誌は、ノアにあるもののほか、戦後間もない頃の貴重な詩誌・雑誌を、杉山平一さん、志賀英夫さん、大塚滋さん、竹内和夫さんからお借りした。同時に、年表を三輪正道さんに作成してもらった。本号巻末に収録したものである（「関西同人雑誌・詩誌年表／戦後編」）。

同じくジュンク堂の喫茶室で、十月七日午後三時から、杉山平一さんの小講演会「大阪の詩人・作家たち」を持った。本号に収録した。テープおこしは上村武男さんがしてくれた。

以前からノアのコーナーを作ってくれている神戸・海文堂では、十月五日から十一月五日まで、「神戸の詩人・作家たち」と題してブックフェアをしてくれた。

ジュンク堂でのカバーの展示パネル、作家、画家のプレート、海文堂フェアの看板も、すべて、装幀家の森本良成さんが作ってくれた。

社員のいないノアでこれだけのことが出来たのは、すべて周囲の方々の協力のおかげである。

本号は二十五周年記念号のおもむきであるが、二十五周年からすでに二年半が経つ。私はありんかくのない長い挨拶を思い出すたび、蒲団をかぶりたい、いたたまれない気持に陥った。新しい海などという清新なものではなく、重くたゆたう船酔いが続いている。あるいは宴の美酒の二日酔い。

（「海鳴り」15号・二〇〇三年四月）

今年の桜、昨年の海

昨年（二〇〇三）、十二月の六日から八日、北海道に行った。七日、日曜日に札幌で持たれた江原光太さんの北海道新聞文学賞受賞記念パーティーに出席した。江原さんは新日本文学会に属した詩人で、ノアでの出版はないが、尼崎の印刷会社（ファースト印刷）が出版した詩集『ぼくの演説』を私が編集制作したことがある。

札幌の人だがある土曜日、天王寺公園を歩いている江原さんによく似た人を見かけた。横を歩く妻に「江原さんや」と言ったが、「まさか」ととりあわれず、そのままゆき過ぎた。が翌々日の月曜の朝、私の出社第一番に江原さんから電話があった。近くの喫茶店にいる、という。

そんなふうにブラリとわが社をおとずれることがあった。同じ新日文会員の川崎彰彦さんとも親しく、亡くなった弟さんも大阪でグラフィックデザインの仕事をされていたので、しばしば大阪に来られた。私は弟さんをも仕事の関係で知っていた。金時鐘さんの店「すかんぽ」で、江原さんを囲む集まりもあったりした。

この機会にと思った。せっかくの北海道行きで、一人ではもったいないと思い、妻にも声をかけ、記念会の前日は小樽泊まりと決めた。札幌は雪の予報が出た。

空港から札幌までは、小雪、薄化粧であったが、札幌を離れ小樽に向かうにつれて雪が深くなった。暗闇の中、列車の明かりが照らし出す線路脇が白く光っている。

ホテルから寿司屋通りまで乗ったタクシーの運転手は、二、三日前に少し積ったけれど、今日の雪がこの冬はじめての本格的なものだと言う。雪で車が横すべりする。「わたしら、なれたものです」と、スリップを楽しんでいるふうでもある。

観光スポットの小樽運河にも夜と雪のためか人は少なかった。運河沿いが整備され遊歩道や公園になっている。雪の上に足跡がない。音もなく、闇の中から雪が降りしきる。古女房と雪の散歩としゃれ込んだのである。

携帯している小判のノートに、翌日、

「十二月七日、七時三十分、小樽で目覚める」と書いている。続けて、

「15階のホテルの部屋の窓は、白いものでおおわれている。吹雪か。よく見ると地上の建物の縁どりが見える。家々が雪をかむって広がる街は、あるところまでゆくと白い膜で閉ざされ、その先は見えない。一面白い街が中空に浮かびあがっている」

と書いている。

妻とはいったん小樽で別れ、私は午後二時に始まる会に先に札幌へ向かった。

私は海側の席に座った。おおよそ三十年前に小樽に来て、列車から海を見た記憶があった。その時は、釧路、帯広、札幌、小樽を回った。勤めていた業界誌の仕事で、各地の印刷会社を取材した。

釧路は六月の朝霧だった。帯広では高校時代からのペンフレンドの女性に会った。小樽では気の良い社長が、女にやらしているというラーメン屋、理事をしているという水族館と岬めぐりのグラスボート、岬の上のにしん御殿と遊ばせてくれた。海岸の露店のにしんの塩焼きでビールがうまかった。

昨日のタクシーで印刷会社の名前を言うと、今でもあるという。

車窓の家並みの間に海がのぞいた。やがて家並みが切れ、目の前に海だけがあった。雪が斜めではなく、まっすぐ横に降っている。故郷舞鶴の暗く沈んだ海ではなく、北のはてにいたった黒く重く荒々しい冬の海であった。波と風と雪が激しく吹きすさぶ海岸線が弓なりに伸びていた。

江原さんの会では、知る人は江原さんだけであったが、松浦武四郎とアイヌ民族を描いた『静かな大地』で、私が目を開かせられた著者の花崎皋平さんに会え、詩人の新妻博さんと隣り合い、私こそが前衛俳句という西川徹郎さん、小野十三郎賞を受賞した高橋秀明さん、同業の出版社響文社の高橋哲雄さん、北海道新聞の池野敦志さん、画家の大島龍さん、若い詩のグループ柴田望さんなど、ほかにも北海道の人たちと。また埼玉から出席した小野悌次郎さんと親しんだ。小野さんと同じ新日文で、亡くなった高村三郎のことを話した。二次会で妻が合流した。

一月十八日（二〇〇四年）は、香川県の瀬戸内海の小島「大島」に渡った。出来上がったばかりの『塔和子全詩集』全三巻の第一巻目を塔さんに届けた。前年七月には、打ち合わせのため川﨑正明さんと渡った。川﨑さんは月一回、大島青松園で日曜礼拝をする牧師であり、塔さんがもっとも信頼を寄せている。ハンセン病に関わる活動団体「好善社」理事でもある。

今回は、高校生の時、父にたのんで第一詩集『はだか木』を出版した河本睦子さん、塔さんの詩で命の尊さを教える香川医大の先生・平峯千春さんたちもいっしょだった。大島は高松港から船で二十分ほど、行く気になればいつでも行ける距離である。

一月三十一日は、大阪で日本現代詩人会西日本ゼミナールが開催され、杉山平一さんが講演した。年末に軽い脳梗塞をおこされ、原稿を持って講演された。本号に収録した「詩と触覚」は、講演をテープ起こししたものではなく、用意された原稿そのものである。この時の閉会の菊田守会長の挨拶で、大阪の思い出す詩人として、港野喜代子の名前が上がった。

今、港野喜代子の墓は、箕面市から豊能郡へ入った、山峡の斜面にひらいた大阪府の公園墓地・北摂霊園にある。先に亡くなった夫の郷里舞鶴市神崎の浜辺にあったのを最近移したことを長男の久衛さんから知らされた。北摂霊園には私の妻の父の墓もあって、墓参りをしている。

山稜の頂きはなだらかにひらけ、並ぶ石碑の中に、「港野家墓」があった。海上はるかに冠島をのぞむ神崎の村から、移された墓。石碑には、喜代子、夫藤吉の他、義父幸吉、義母さよの名前も刻まれている。

港野が亡くなったのは、四月十五日（一九七六年）夜。この日、港野と私は夕方まで、発行間もない詩集『凍り絵』を持って新聞社回りをした。箕面の港野家で密葬の日、庭に立つと桜がさかんに散った。

「海鳴り」が出たら、「花見でいっぱいやりましょう」という山田稔さんとの約束がある。

「今年の桜は、早いそうですよ」

と電話での山田さん。

桜とはなんの関係もないことだけれど、今号に山田さんが書いている（「ある冬の夜のこと――坂本一亀追想」）名編集者坂本一亀さんの奥さんの名前が敬子さん。わが妻も、名前だけは同じ字の敬子さんなのだ……。

（「海鳴り」16号・二〇〇四年五月）

松江・大島・天野さんの文机

昨年（二〇〇五）八月最後の日曜日（二十八日）、松江・玉造温泉へ一泊旅行した。

毎年夏の終わりに小旅行をしている。行先を松江に決めたのは、この年の春に、宍道湖畔の白潟公園に杉山平一詩碑が建ったのを訪れたいと思ったからだ。

暑い日であった。日録では、十一時五十分に松江に着いている。駅前の観光案内所で名物のそばの店を聞いた。三軒教えてくれたが、妻と意見が合わない。朝出がけにささいなことからいさかいをした。妻は旅行に「行かない」とまで言った。

「二度といっしょに旅行はしない」

「ああ、そうか」と言い合いながら来た。

昼食をしないまま、西へ、宍道湖畔をめざした。交叉する商店街は閑散としていた。寺があり墓地があってお参りを終えたらしい母娘か二人連れとすれ違った。名物の菓子屋の本店が建てかえ工事中であった。屋上にテレビ塔が建っているＮＨＫの建物を見て、脇道を抜けると湖岸道路に突き当たった。湖が見える。道路を渡ると、一帯が湖畔の公園で白潟公園に違いなかった。

詩碑を探すのに少し時間がかかった。植え込みの中を遊歩道がめぐっていて、別の銅像や石碑もある。

詩碑「旗」は、枝ぶりの良い松の根方、芝生の上に建っていた。松の木や、植え込みの間から湖が見え、風景がゆったり広々としている。詩碑に申し分のない場所である。

ここは、元は旧制松江高校の敷地で、同校創立八十五周年記念碑として建てられた。詩碑「旗」のかたわらには、「弊衣破帽」、マントに高げたを履いた学生姿の銅版をはめこみ、上に帽子をのせた碑も斜めに並んでいた。

「旗」の詩、

つきつめたやうな顔をしてあるいてゐる高等学校の生徒のマントを見るたびに　私は涙

のでるやうななつかしさをおぼえる　私がその時分をすごしたのは　裏日本のみづうみに沿つたちひさな古風な街であつた　秋から冬にかけて　よくみづうみをわたつてくる夜霧に　街はすつぽり包まれてしまつた　あの白い霧に黒マントを翻へしながら　憑かれたやうに足早に　あゝいくたびか夜つぴて　私はあるき廻つたことであらう　それは寄宿舎の廊下にともる燈のやうな若年の孤独と寂寥を掲げてはためいてゐる　黒い旗であつた
あゝいまそれらの旗は　激しい時代の風にどのやうな音たてゝ鳴つてゐるのであらう

全文である。今は白い霧はない。十二時四十五分。夏の炎天の白い陽が碑を照らしている。まわりに人影もない。角度をかえてあれこれ写真を撮り、妻と交替で碑の横に立ち記念撮影もして、旅の目的を果たした。

この後、湖岸のレストランで湖を見ながら遅い食事をし、妻の希望でティファニー美術館に行った。松江しんじ湖温泉駅から一畑電鉄に乗る。「ルイス・C・ティファニー庭園美術館前駅」は日本一長い駅名です、と書いてある。これも記念になるか。

妻は、色彩やかなステンドグラスやガラススタンド、アクセサリーを熱心に見ていたが、私はそそこに切りあげ、ゆったりしたトイレをゆっくり使い、湖に面した全面ガラスの休憩室で湖の景色を楽しんだ。

玉造温泉に泊まり、翌日は安来の足立美術館へ足をのばした。近くに尼子一族、山中鹿之介の富田城があることを知り、寄った。艱難辛苦をわれに与えたまえ、と月に祈った鹿之介を、少年の頃思ったこともあった。城は石垣だけで、春は花見でにぎわうのです、とタクシーの運転手は言ったが、夏草が丈高く生い茂り、荒れはてていた。

『塔和子詩集』全三巻は、二〇〇四年二月に第一巻を発行、年一巻の刊行で、二〇〇五年に第二巻、今年二〇〇六年春に第三巻を出し完結した。

各巻ごと仕上がりの度に、高松港から船で二十分、今は高松市となった大島の国立療養所大島青松園の塔さんの元に届けてきた。

第三巻を届けるため三月二十六日（二〇〇六年）に、大島へ渡った。前日高松で落ち合った関係者は六人、朝の船に乗る。取材のため集まった地元紙を中心とした各新聞社の記者たちと名刺を交換する。

私たち六人は、桟橋から松林を抜けて、まず病棟に塔さんをたずねた。塔さんは、今では病室ぐらしである。かつては病棟へ行く手前にある独立した部屋二間の小さな夫婦棟で、夫の赤沢正美さんと生活していたが、赤沢さんが五年前他界、ハンセン病後遺症にパーキンソン病が重なって歩行が困難となり、一つのベッドと床頭の棚だけが塔和子さんの生活の場となった。

外来者との面接室に場所を移す。塔さんも車椅子で押されて来て、待っていた取材陣の中で、第三巻を手渡すいわばセレモニーが行われた。

塔さんの意志を取り次ぐ代弁者であり、第三巻の編集、年譜作成にも当たった川﨑正明さんが代表して挨拶し、塔さんに本を手渡した。川﨑さんは月一回島での日曜礼拝を行う牧師でもある。塔さんが持ちきれないので、手が添えられる。塔さんでなくても持つ手が下がる重い本になった。

第三巻は、一〇二〇頁。二巻までに引き続き、既刊詩集六冊を収録。さらにこれまで詩集に収められなかった未刊行詩一一六編、加えて随筆三〇編と年譜を収めた。未刊行詩と随筆は、雑誌に発表されたものを川﨑さんが集め整理し、二人で選んだ。

塔さんはこれまで十九冊の詩集を出した。そのうち九詩集を編集工房ノアで出版した。第二巻の刊行時に私はすでに塔さんの出した、他社のものも含め全詩集を編集者として読み通した。それで塔和子の詩がわかったかというと、自信がなかった。言葉のうわべだけを読んでいる気がした。言葉の内に入り切れない。詩が特に難解というわけではない。この詩がどこから生まれてきたのか、発生の地点、回路がつかめない。あるままに受け取れないところがある。大海のように果てしがなかった。

初めて大島へ来た時、塔和子が十四歳で強制収容、隔離された島を知ることによって、少し塔和子の世界の中へ入る気がした。昨年は第三巻のための資料整理で、島に一泊した。早朝、高台に登り、裏側の浜に下りて施設を一人一巡した。何かに近づいているような気もしたが、気以上のものではなかった。

第三巻の編集にあたる。未刊行詩は塔さんがこれまで詩集に収めなかったもので、それには理由があったのだろう。全集のため、出来るだけ収めるようにしたが、一部を割愛した。未刊行詩をよむことで、ともかく物理的に塔和子の全部を得たということ。そして未刊行詩の理由の溝に、なにやら内が見えてくる。

さらに私をつき動かしたのは、随筆選であった。随筆であるので、塔さんの島での生活のありさま、日常の思いが綴られていて、詩の背景がよくわかる。特に確信と思い得たのは、随筆の最初に収めた「浦島記」の一篇である。

「浦島記」は、一九五九（昭和三十四）年七月、青松園の機関誌「青松」に掲載された、塔さん二十九歳。「私が島の療養所に入園したのは、昭和十八年の六月、だから今日まで、およそ十五年の島暮らしを続けている訳である」とはじまる、園の女友達と二人、「いっぺん社会へ出て見たいなー」と言い合って、高松（と思われる）へ一日旅をする話である。二人共、念入りに化粧をして着物を着て、船に乗る。K市の港の桟橋に下り立つ。「胸のあたりがどきりと痛んでかるい目まいを覚えた」。街の通りを繁華街へと入って行く。「道行く人は、洗い上げた野菜のように新鮮で、颯爽と胸を張って歩いていた」。

一軒の呉服店の前に立ち止まる。友達が何か買おうと言う。「初めて自分が自由に品物を選んで買い物の出来ることに気付き優越感に似た感動を覚えた」。二人で一反の反物を買い分ける。友達が通りの履物店で靴を買う。

次に百貨店に入る。癩の宣告を受けた日、福岡の百貨店に父と行ったことを思い出す。「あのとき父は地獄へつき落とされたような暗い顔をしていた」。靴売場で、靴を買いたいと思ったが格好なのが見つからない。屋上に上がり街を見わたす。「その屋根の下に家庭があり、肉親愛に結ばれた暖い人間生活があるのを現実に見せつけられた思いだった」。

友達と別行動をとることになった。「これからの貴重な半日をどうして過してよいのか見当がつかなかった」。まだ昼飯を食べていなかったことを思い出し、店をさがす。立派な構えのレストランはさけ、「うどん、すし」と書いた飲食店に「ややためらいながら暖簾をくぐった」。

陳列棚に置かれた餅の皿をとる。「すみませんけど、お餅を一皿下さい」と声をかけた。店の女も相客も「何か不審げな目をちらと私に向けた。私はすぐにその原因がわかった」「すみませんは余分な言葉と苦笑しながら、自分で自分の卑屈さに腹が立った」と書く。しかし、不審げな目というのは果たして「すみません」という言葉に対してだったのだろうか。客であっても物をとってもらうのに「すみません」を付けても不思議ではない。むしろこの時、すみませんという言い方を含めて、全体をつつんでいるものに店の女も相客もなにか違うものを感じたのではないか。「なるべく容器にふれないように気を付けて食べている自分に気付いた」。

外へ出ると、まだ一時。あんなに期待して来たのに、私は時間をもてあます。「そして社会という機構の中からはみ出してしまっている自分を感じ、もうどんなにあせっても決して社会の空気に馴染み合わないのだろうと思った」。

時間つぶしに公園を目差してバスに乗る。バス代がわからない不安。公園で休む。「あれ程あこがれていた街が、無力な私の上に、もはや巨大な圧力となってのしかかっているように思えた」。

帰りの船の出発までには、まだたっぷり時間がある。私は、朝通った履物店のことを思い出し、「靴を買わなければならないと思った」。「私はもう足に合いさえすれば、どんな形でもいいように思えてきた」。履物店の店員が履いてみたらと言うのに、足に合わせもせず、そのまま包んでもらう。

その後、園の仲間への土産にする、ケーキやお菓子、ミカンを買って、まだ少し早いが港へ行く。「街に行き交う人の顔が朝の印象よりくすぶって見えた」。港へ港へ。「素晴らしい安息所へむかうように」。

そうして「今私の手元に、あの赤い鹿の子絞りの茶羽織と、大き過ぎてはけない中ヒールがある」。

赤い鹿の子絞りの茶羽織とは友達と分けあった反物で作ったものである。

この一日旅の、せつない体験。大衆食堂での疎外感、大きすぎる靴を履きもせず買ってしまうゆき違い。社会の空気に決して馴染み合わないものと作者に言わせるもの。題も「浦島記」なのである。

私はこの文章にゆき当たり、塔和子にもゆき当たったと思った。ここから塔和子の詩が生まれている。

全集第一巻の帯文。

「苦悩よ　私の跳躍台よ　悲しみや絶望を見つめつくした　生の奥から汲みあげられた詩の原初」

「苦悩」は、絶望ではない。

全詩集第三巻の帯文

「ハンセン病という重い甲羅　多くを背負わなかったら　私はなかった　闇ゆえに光を
求め　生命の炎となる　希望よあなたに」
「希望よ　あなたに近づきたい」と言うのは、詩の一節である。

「海鳴り」本号（18）の冒頭に収めた、天野忠さんの「このごろ」は、生前天野さんから預かった未発表生原稿の一つである。六十二歳になって、はじめて持った二畳半の書斎。その書斎にあった天野さん愛用の文机、が今、わが家にある。昨秋、長男の元さんから贈られた。おそれおおくて使うわけではないが、時々ながめている。天野さんの書斎の障子に午後の陽が当たり、小竹の笹の葉影が揺れていたのを思い浮かべる。
文机に向かった天野さんの後ろ姿にすずしい風が吹いている。

（「海鳴り」18号・二〇〇六年七月）

*

編集工房ノア略年史

一九七五（昭和五十）年

九月二十一日、涸沢純平が、日本印刷情報センターを二十日に退職、大阪市大淀区豊崎東通二─六三─五、メゾン北梅田三〇六（友人・野原俊嗣写植工房に間借り）で創業。

十一月二十八日、株式会社編集工房ノア登記。

十二月十日、PR誌「海鳴り」創刊号、発行。

一九七六（昭和五十一）年

三月二十五日、『凍り絵』港野喜代子詩集（跋文・小野十三郎）発行。

四月十五日、港野喜代子死去、六十二歳。

五月二十日、『われら何を掴むか──障害のプラス面を考える』牧口一二編著（水上勉「父親の立場」収録）発行。

一九七七（昭和五十二）年

五月、大阪市大淀区豊崎五─二─一三、大淀ビル二階に移転。

六月十五日、『沙漠の椅子』大野新著、発行。

一九七八（昭和五十三）年

八月十日、『愛に──七つの物語』今江祥智著（装幀・宇野亜喜良）発行。

九月二十日、『ラムネの日から』黒瀬勝巳詩集、発行。

一九七九（昭和五十四）年

五月三十一日、『讃め歌抄』天野忠詩集、発行。

十月十日、『清水正一詩集』発行。

十二月二十五日、『おもちゃによる療育レッスン』辻井正著、発行。

一九八〇（昭和五十五）年

四月十日、『樹木幻想』大槻鉄男著（装幀・阿部慎蔵、帯文・富士正晴）発行。

八月一日、『そよかぜの中』天野忠著、発行。

十一月二十日、『虫魚図』川崎彰彦著、発行。

装幀挿画・粟津謙太郎にて、第十六回造本装幀コンクール展「日本書籍出版協会理事長賞・文芸書部門賞」受賞。

一九八一（昭和五十六）年

五月四日、『おおらかに今日からあしたへ——差別が蔓延する社会の中で』牧口一二編、協力・石坂直行・灰谷健次郎・山田太一、発行。

五月二十九日葬儀、黒瀬勝巳死去、三十六歳。

六月十日、『私有地』天野忠詩集、発行、第三十三回読売文学賞受賞。

九月七日、『港野喜代子選集——詩・童話・エッセイ』永瀬清子・上野瞭編（帯文・小野十三郎、装幀・港野千穂）発行。

十月十二日、『幻燈機のなかで』黒瀬勝巳詩集（追悼文・大野新）発行。

十二月三十一日、『かく逢った』永瀬清子著（装画・松島明）発行。

一九八二（昭和五十七）年

四月二十五日、『家の中の広場』鶴見俊輔著、発行。

十一月十二日、『ガンジーの健康論』マハトマ・ガンジー著（丸山博監修／岡芙三子訳）発行。

一九八三（昭和五十八）年

四月二十五日、『石の星座』足立巻一著（装画・須田剋太）発行。

五月二十日、『日は過ぎ去らず』小野十三郎著、発行。

九月十日、『いのちの宴』塔和子詩集、発行。

一九八四（昭和五十九）年

三月二十日、『ディアボロの歌』小島輝正著（ノア叢書1、自伝的随筆集）発行。

四月二十七日、『狸ばやし』富士正晴著（ノア叢書2、装画・浅野竹二）発行。

六月二十日、『光っている窓』永瀬清子著（ノア叢書3）発行。

七月十日、『物言わざれば』桑島玄二著（ノア叢書4）発行。

八月十五日、『日々の言づけ』菅原克己詩集、発行。

十月――創立十周年記念「十年の歩み展――著者色紙・装幀原画展」を、東宝画廊（大阪・八日〜十三日）、ジュンク堂書店サンパル店（神戸・十五日〜二十五日）、アバンティブックセンター（京都・十五日〜二十四日）で開催。ブックフェアを、梅田紀伊國屋、旭屋本店、西武八尾店、ユーゴー書店、駸々堂京宝店にて開催。

十二月一日、『右往左往』木村重信著（ノア叢書5）発行。

一九八五（昭和六十）年

一月十五日、清水正一死去。七十一歳。
二月一日、涸沢純平が大阪市第二回咲くやこの花賞受賞。
三月七日、『消えゆく幻燈』竹中郁著（ノア叢書6、編集／年譜・足立巻一）発行。
三月三十日、『軽みの死者』富士正晴著（装画・八木正）
五月十五日、『書店の店頭から』海地信著、発行。

七月三十日、『影とささやき』山田稔著（ノア叢書7）発行。

八月十四日、足立巻一死去。七十二歳。翌十五日、須磨寺にて葬儀、葬儀委員長・司馬遼太郎、一七〇〇人参列。

八月二十五日、『続清水正一詩集』（年譜・寺島珠雄／「あとがき」森上多郎）発行。

九月二十九日、「足立巻一さんを偲ぶ会」、四十九日に合わせて生田神社会館で開催、司馬遼太郎、鶴見俊輔はじめ約三百人出席、翌年より、井上靖、司馬遼太郎による命名、偲ぶ会「夕暮れ忌」が、八月第一土曜日に持たれた。代表、杉山平一、大谷晃一。事務局、岡充孝、涸沢純平。

十月十日、『人の世やちまた』足立巻一著（ノア叢書8）著者生前の編集、発行。

十月十五日、『工場』福元早夫著（新日本文学賞受賞作収録）発行。

一九八六（昭和六十一）年

六月十八日、『続天野忠詩集』発行。第四十回毎日出版文化賞受賞。

十月三十日、『大阪ことばあそびうた』島田陽子（大阪弁創作）詩集、発行。九〇年『続大阪ことばあそびうた』、九九年『おおきにおおさか』発行。

一九八七（昭和六十二）年

一月十五日、『つづれ刺せ』三井葉子著、発行。

二月――大阪市大淀区（現在北区）中津三―一七―五、に移転。

五月五日、小島輝正死去。六十七歳。

七月七日、『沖見』木辺弘児著（第九十二回芥川賞候補作収録）発行。

六月五日、『京の夢大坂の夢』山下肇著（ノア叢書10）発行。

七月十五日、富士正晴死去。七十三歳。

七月二十五日、『新しい靴』庄野英二著（ノア叢書9）発行。

十二月十八日、『私の敵が見えてきた』多田謠子（多田道太郎息女）追悼・遺稿集、発行。

一九八八（昭和六十三）年

一月十五日、『梶井基次郎落日の比喩』上村武男著（大阪文学叢書1）発行。

四月十五日、『写真集淀川』水谷正朗著、発行。

六月二十四日、『片々集《ぺんぺんぐさ》――ある美術史』村松寛著（序文・司馬遼太郎／扉絵・下村良之介／装幀・早川良雄）発行。

七月十五日、『木洩れ日拾い』天野忠著（ノア叢書11）発行。

十二月五日、『記憶めくり』安水稔和詩集、発行。第十四回地球賞受賞。

一九八九（平成一）年

一月二十日、『動物園の珍しい動物』天野忠詩集（限定版三五〇部、著者自装）発行。

二月二十五日、『万年』天野忠詩集（生前最後の詩集、著者題字）発行。

二月二十五日、『山陰を旅する人たち』上村武男著（装画・香月泰男）発行。

五月二十五日、『人の居る風景』大谷晃一著（ノア叢書12）発行。

七月十四日、『淀川』東秀三著、発行。

七月二十五日、『再読』鶴見俊輔著（ノア叢書13）発行。

九月一日、『わが敗走』杉山平一著（ノア叢書14）発行。

一九九〇（平成二）年

三月十日、『サラリイマン・定年前後』岡見裕輔詩集、発行。

十一月二十日、『佐久の佐藤春夫』庄野英二著、発行。

一九九一（平成三）年

五月二日、『喜志邦三選詩集』発行。

六月十二日、『藤澤桓夫句集』（序文・司馬遼太郎）三回忌しのぶ会に合わせ発行。「しのぶ会」ロイヤルホテルにて、二五〇人出席。

六月十四日、『中之島』東秀三著（第二回小島輝正賞受賞作収録）発行。

八月十五日、『馬の結婚式』庄野英二著、発行。

一九九二（平成四）年

四月五日、『三好達治風景と音楽』杉山平一著（大阪文学叢書2）発行。

四月二十三日、『碧眼の人』富士正晴著（未刊行小説集）発行。

五月三十一日、桑島玄二死去。六十八歳。

六月一日、『竹林童子失せにけり』島京子著、発行。

十二月二十五日、『パンの源流を旅する』藤本徹著、発行。

一九九三（平成五）年

二月二十日、『春の帽子』天野忠著（生前最後の随筆集）発行。

十月二十八日、天野忠死去。八十四歳。

十一月二十六日、庄野英二死去。七十八歳。

一九九四（平成六）年

二月一日、『旅道』澤井繁男著（第二回北方文芸賞受賞作収録）発行。

二月一日、『田植え舞』北原文雄著（第三十八回農民文学賞受賞作収録）発行。

四月二十五日、『ゲーテの頭』玉置保巳著、発行。ゲーテの頭とは天野忠のこと。

六月十日、『枯草の手袋』真野さよ著、発行。

七月一日、『織る・創る・着る』城としはる著、発行。

八月一日、『北條秀司詩情の達人』田辺明雄著（大阪文学叢書3）発行。

八月十一日、『ここからここへ』貞久秀紀詩集、発行。

八月二十五日、『夕映え』直井潔著、発行。

九月一日、『野の牝鶏』大塚滋著（第一回神戸ナビール文学賞受賞作収録）発行。

十月三日、『徐福の目はり寿司』庄野英二著、発行。

十一月一日、『木と水への記憶』安水稔和著（ラジオのための作品集1）発行。2『ニッポニア・ニッポン』（九五年）、3『君たちの知らないむかし広島は』（九五年）、4『島』（九七年）発行。

十一月一日、『カラマーゾフの樹』桃谷容子詩集、発行。**第二回神戸ナビール文学賞受賞。**

一九九五（平成七）年
五月二十五日、『海さち山さち』島京子著、発行。

六月七日、『金子みすゞへの旅』島田陽子著、発行。

八月一日、『森羅万象を旅する』大賀二郎著、発行。**RM文学賞（日本リスクマネジメント学会）受賞。**

八月五日、『足立巻一』東秀三著、発行。

九月二十日、『背後の一日』たかぎたかよし詩集、発行。**第三回神戸ナビール文学賞受賞。**

九月二十八日、東秀三死去。六十二歳。

一九九六（平成八）年
六月一日、『太陽の門をくぐって』山田稔著、発行。
六月二十八日、『エミリの詩の家——アマストで暮らして』武田雅子著、発行。

七月十日、『球乱』和田浩明著（第三回神戸ナビール文学賞受賞作収録）発行。

一九九七（平成九）年

二月一日、『杉山平一全詩集』〈上〉巻、発行。

二月十二日、『杉山平一全詩集』出版記念会開催、新阪急ホテル。

三月一日、『ことしの若葉』森本敏子詩集、発行。**第五回神戸ナビール文学賞受賞。**

三月十九日、玉置保巳死去、六十七歳。

三月二十七日、『一年の好景』竹内和夫著、発行。

六月一日、『杉山平一全詩集』〈下〉巻、発行。

七月二十日、『花立つ刻に』島京子著、発行。

十月二十五日、『幻の池』野元正著（第一回神戸ナビール文学賞佳作他受賞作収録）発行。

十一月一日、『わが町大阪』大谷晃一著、発行。

十一月十五日、『春の欄干』上村武男著、発行。

十一月二十五日、『活断層』佐伯敏光著（第二十一回井植文化賞受賞作）発行。

一九九八（平成十）年

二月十日、『焼野の草びら――神戸　今も』安水稔和著、発行。

二月十八日、『うぐいすの練習』天野忠（遺稿）詩集、発行。

三月十日、『どんな木』由良佐知子詩集、発行。**神戸っ子ブルーメール賞受賞。**

三月十五日、『記憶の川で』塔和子詩集、発行。**第二十九回高見順賞受賞。**

五月二十日、『変容』鈴木漠詩集、発行。

六月一日、『織田作之助　雨　螢　金木犀』中石孝著（大阪文学叢書4）発行。

七月一日、『桜は今年も咲いた』駒井妙子著、発行。**第六回神戸ナビール文学賞佳作賞受賞。**

九月七日、『屋上の小さな放送局』庄野至著、発行。

十月一日、『武器』苗村吉昭詩集、発行。第十三回福田正夫賞受賞。

十月六日、『長いノック』橋本千秋詩集、発行。第六回神戸ナビール文学賞奨励賞受賞。

十月十日、『風の如き人への手紙――詩人富田砕花宛書簡ノート』和田英子著、発行。

十月十五日、『小目野《をめの》』田中荘介詩集、発行。第六回神戸ナビール文学賞受賞。

十一月一日、『海の日曜日』今江祥智著（装幀・宇野亜喜良）発行。

一九九九（平成十一）年
二月一日、『映画芸術への招待』杉山平一著（ノアコレクション1）発行。

三月三十一日、『生きているということ』安水稔和詩集、発行。第四十回晩翠賞受賞。

四月十日、『弟・植村直己』植村修著、発行。

十月十一日、『いのちの詩――塔和子詩選集』発行。

十月二十日、『無方』津田清子句集、発行。第三十四回蛇笏賞受賞。

十一月一日、『大阪学文学編』大谷晃一著、発行。

十一月十四日、中石孝死去。七十歳。

十二月一日、『形象の海』福井久子詩集、発行。第七回神戸ナビール文学賞受賞。

二〇〇〇（平成十二）年
一月二十七日、『始めからそこにいる人々』小島輝正著、発行。

二月一日、『朝と昼のてんまつ』豊原清明詩集、発行。第四十一回晩翠賞受賞。

二月二十日、『あの空の青』渋谷魚彦詩集、発行。第八回神戸ナビール文学賞奨励賞受賞。

三月二十二日、『駒袋』髙橋冨美子詩集、発行。

第十二回将棋ペンクラブ大賞著作部門賞佳作受賞。

三月三十一日、『椿崎や見なんとて』安水稔和詩集、発行。第十六回詩歌文学館賞受賞。

五月十五日、『大阪笑話史』秋田実著（ノアコレクション2）発行。

七月十五日、『痴呆』むら山豊詩集、発行。紫式部市民文化賞受賞。

八月一日、『鳴きやまない蟬』江口節詩集、発行。第八回神戸ナビール文学賞受賞。

九月一日、『西洋梨そのほか』山本美代子詩集、発行。第十二回富田砕花賞受賞。

九月七日、『北園町九十三番地——天野忠さんのこと』山田稔著、発行。

九月二十五日、『届く言葉——神戸　これはわたしたちみんなのこと』安水稔和著、発行。

九月二十八日、『鷗外、屈辱に死す』大谷晃一著（ノアコレクション3）発行。

九月二十八日、編集工房ノア創業二十五周年記念会「文芸の方舟　新しい海」を、大阪新阪急ホテルにて開催。発起人、大谷晃一、島京子、杉山平一、鶴見俊輔、安水稔和、山田稔、二百二十名出席。

十月一日、『大正の小さな日記帳から』上村秀男著（ノアコレクション4）発行。

十一月一日、『神戸暮らし』島京子著、発行。

十一月一日、『幻想思考理科室』森哲弥詩集、発行。第五十一回H氏賞受賞。

十一月一日、『海部洋三詩集』発行。

二〇〇一（平成十三）年

二月一日、『コーヒーカップの耳』今村欣史詩集（帯文・田辺聖子）発行。第三十一回ブルーメール賞受賞。

二月二十五日、『夏がおわって』九野民也著、発行。
五月十日、『塩・Ｓａｌｔ』日高てる著、発行。
七月一日、『幸福へのパスポート』山田稔著（ノアコレクション５）発行。
十月一日、『新編歌の行方』安水稔和著（菅江真澄の本）発行。
十月二日、右原厖死去、八十九歳。
十月三十日、『富士さんの置土産』古賀光著、発行。
十一月一日、『写真集続淀川』水谷正朗、発行。
十二月一日、『昭和風土記』大谷晃一著、発行。
十二月一日、『ひきがえると月』山田幸平著、発行。
十二月一日、『ひとりひとりの子ども』川端利彦著（新版）発行。

二〇〇二（平成十四）年

二月二十二日、『喫茶店の時代』林哲夫著、発行。第十五回大衆文学研究賞受賞。
三月三十一日、『神戸の詩人たち』伊勢田史郎著、発行。
四月一日、『希望の火を』塔和子詩集、発行。
五月二十日、『リサ伯母さん』山田稔著、発行。
五月二十五日、『窓開けて』杉山平一著、発行。
五月三十一日、『本と人を糧に』川口正著、発行。
六月十五日、『千鳥月光に顕つ少女』上村武男著、発行。
七月十五日、『茶碗の中――光琳と乾山』川浪春香著、発行。
八月十五日、『北大阪線』枡谷優著（第一回小島輝正賞受賞作収録）発行。
八月十五日、『水を運ぶ子どもたち』佐伯敏光著、発行。
十月一日、『眼前の人――菅江真澄接近』安水稔和著（真澄の本）発行。

十月一日、『大地』塔和子詩集、発行。

十二月一日、『バース』苗村吉昭詩集、発行。

第五回小野十三郎賞受賞。

十二月十日、『行きかう詩人たちの系譜』和田英子著、発行。

二〇〇三（平成十五）年

三月二十日、『食べること生きること――世界の宗教が語る食のはなし』奥田和子著、発行。

三月二十一日、『槐多よねむれ』山田幸平著、発行。

三月二十五日、『方先生』朝比奈敦著（第九回神戸ナビール文学賞受賞作収録）発行。

五月一日、『今日という木を』塔和子詩集、発行。

五月一日、『再会　女ともだち』山田稔著（ノアコレクション6）発行。

五月四日、『お話の風を吹かそう』たなかやすこ著（CD付）発行。

六月八日、映画「風の舞」塔和子の半生をたどる記録映画、宮崎信恵監督の上映会開催（大阪・ドーンセンター）以後、全国各地で上映会広がり、会場で『記憶の川で』『いのちの詩』販売され版を重ねる（『記憶の川で』五刷『いのちの詩』五刷）。

七月一日、『不機嫌の系譜』木辺弘児著、発行。

七月十八日、『通天閣の下の赤ちゃん』増井英著（第十八回織田作之助賞佳作）発行。

九月一日、『男と女いのちの劇場』森安二三子劇作集、発行。

九月一日、『波蘭組曲』田吉明著、発行。

九月十九日、『野火は神に向って燃える』桃谷容子詩集（遺稿集）発行。

十月一日、『おもひつづきたり――菅江真澄説き語り』安水稔和著（真澄の本）発行。

十二月十日、『播磨国風土記とところどころ』田中荘介著、発行。

十二月二十日、『心と言葉』以倉紘平著、発行。

十二月三十一日、『夜学生』以倉紘平著、発行。

二〇〇四（平成十六）年
二月一日、『塔和子全詩集〈第一巻〉』発行。（全三巻）A五判、函装、本文八三二頁、栞文・大岡信。一月十八日大島青松園に届ける。

三月十五日、『戦後京都の詩人たち』河野仁昭著、発行。

三月二十日、『小説の生まれる場所——大阪文学学校講演集』河野多惠子、黒井千次、小川国夫、金石範、小田実、三枝和子、津島佑子、玄月、発行。大阪文学学校開校五十年記念出版。

五月一日、『時計台前仲通り』澤井繁男著、発行。

五月十九日、『右原厖全詩集』発行。

六月一日、『竹中郁　詩人さんの声』安水稔和著、発行。

八月一日、『青年の絆——動乱の長春を生きる』松岡沙鷗著、発行。

九月一日、『スカトロジア——糞尿譚』山田稔著（ノアコレクション7）発行。

九月一日、『競雄女侠伝——中国女性革命詩人秋瑾の生涯』永田圭介著、発行。

九月七日、『青をめざして』杉山平一詩集、発行。

十月一日、『蟹場まで』安水稔和詩集、発行。

第四十三回藤村記念歴程賞受賞。

十月十日、『くぐってもいいですか』舟生芳美著（第十一回神戸ナビール文学賞受賞作収録）発行。

十一月一日、『パリタァ』フェリックス・ティンメルマンス著、石阪洋訳、発行。

十一月一日、『方言札』真栄田義功詩集、発行。

第三十三回壺井繁治賞受賞。

十一月一日、『大切な人』西川保市詩集、発行。

第十二回神戸ナビール文学賞受賞。

十一月二十五日、『帯に恨みは』島田陽子詩集、発行。

十一月二十七日、『ぜぴゅろす抄』鈴木漠編連句集、発行。海市の会二十周年記念出版。

十二月十二日、『人生への初恋』佐伯敏光著、発行。

十二月二十日、『吉野川』枡谷優著、発行。

十二月二十九日、『喜谷繁暉詩集』発行。

二〇〇五（平成十七）年

一月十七日、『神戸ノート』たかとう匡子著、発行。（阪神淡路大震災十年）

二月一日、『塔和子全詩集〈第二巻〉』発行。本文六四四頁、栞文・片岡文雄。二月六日大島青松園に届ける。

三月一日、『森本敏子詩集』（ノア詩選コレクション）発行。

三月十五日、『東奔西走――子どものころから』石井亮一著、発行。

三月三十一日、『朱の入った付箋――続行きかう詩人たちの系譜』和田英子著、発行。

四月一日、『小野十三郎　歌とは逆に歌』安水稔和著、発行。

四月一日、『花影孤心』橘正典著、発行。

六月一日、『大阪学余聞』大谷晃一著（大阪学シリーズ）発行。

六月一日、『ひみつをもった日』村田好章詩集、発行。第十三回神戸ナビール文学賞受賞。

六月七日、『木曽秋色』島京子著、発行。

六月十八日、『八十二歳のガールフレンド』山田稔著、発行。

七月一日、『オーブの河』苗村吉昭詩集、発行。第十七回富田砕花賞受賞。

八月一日、『故地想う心涯なし』中川芳子著、発行。

十一月一日、『鮎笛』大島雄作句集、発行。

十一月二十日、『静かな眼差し』河崎良二著、発行。

十二月一日、『日々の迷宮』木辺弘児著、発行。

十二月十四日、『丙丁童子』枡谷優著、発行。

（帯文・出久根達郎）

十二月二十日、『酒中記』三輪正道著、発行。

十二月二十日、『十年歌——神戸　これからも』安水稔和著、発行。

十二月二十六日、『木村庄助日誌』木村重信編、発行。

二〇〇六（平成十八）年

三月一日、『風の童子の歌』富士正晴詩集、発行。編集工房ノア三十周年記念出版。A五判函装、本文六〇六頁、口絵カラー一六頁。

三月十日、『書くエロス・文学の視座——現代文芸批評集』葉山郁生著、発行。

四月一日、『塔和子全詩集〈第三巻〉』発行（完結）。編集工房ノア三十周年記念出版。A五判、函装、本文一〇二〇頁、口絵カラー八頁。栞文・増田れい子。三月二十六日大島青松園に届ける。

四月一日、『ライオンの口』増井英著、発行。

六月一日、『庭木物語』中塚鞠子著、発行。

六月五日、『アーチ伝来』永田圭介著、発行。

七月七日、『足立さんの古い革鞄』庄野至著、発行。第二十三回織田作之助賞受賞。


（敬称略）

あとがき

亡き東秀三さんに、「ボクちゃん」と言われた私が、東秀三さん、港野喜代子さんの六十二歳をはるか越え、小島輝正さん六十七歳、桑島玄二さん六十八歳も過ぎ、清水正一さん七十一歳、足立巻一さんの七十二歳を目前にして、不思議な気持でいます。

実は、本書は、還暦の時、まとめたのですが、出版の決心がつかず、校正刷のままほこりをかぶっていました。この年になり、思い切ることにしました。出版には勇気のいることを知りました。略年史が二〇〇六年までなのはそのためです。

帯文は、業界の師・川上賢一氏にねだり、校正は、同世代の編集者、草野権和さんの助けを得ました。装幀は、森本良成さんにお願いしました。

大好きなノアで出版できること、長年の同僚、小西敬子さんに感謝申し上げます。

改めて思いますのは、たくさんの方々が、よくぞ編集工房ノアから出版してくださったということです。ありがとうございます。

二〇一七年七月二十日

涸沢純平

涸沢純平（からさわ・じゅんぺい）
1946年、京都府舞鶴市生まれ。
1975年、編集工房ノア創設。
1985年、大阪市第２回咲くやこの花賞受賞。
1986年、『続天野忠詩集』にて第40回毎日出版文化賞受賞。
2007年、第22回梓会出版文化賞特別賞受賞。

遅《おく》れ時計《どけい》の詩人《しじん》
――編集工房ノア著者追悼記
二〇一七年九月二十八日初版発行
二〇一七年十二月一日　二刷発行
著　者　涸沢純平
発行者　小西敬子
発行所　株式会社編集工房ノア
〒五三一―〇〇七一
大阪市北区中津三―一七―五
電話〇六（六三七三）三六四一
FAX〇六（六三七三）三六四二
振替〇〇九四〇―七―三〇六四五七
組版　株式会社四国写研
印刷製本　亜細亜印刷株式会社

ISBN978-4-89271-281-4

万年　天野　忠

一九八九年刊（生前最後の）詩集。みんな過ぎていく／人の生き死にも／時の流れも。老いを絶妙の自然体でとらえる。著者自装。　二〇〇〇円

夫婦の肖像　天野　忠

「結婚よりも私は『夫婦』が好きだった。とくにしずかな夫婦が好きだった。」夫婦を主題にした自選詩集。装幀・平野甲賀。　二〇〇〇円

天野忠さんの歩み　河野仁昭

天野忠の出発と『リアル』、圭文社とリアル書店、コルボウ詩話会、地下茎の花、晩年、あの書斎に。身近な著者が託された資料でたどる。　二〇〇〇円

戦後京都の詩人たち　河野仁昭

『コルボオ詩話会』『骨』『RAVINE』『ノッポとチビ』へ重なり受けつがれた詩流。京都の詩誌、詩と詩人を精緻に書き留める定本。　二〇〇〇円

沙漠の椅子　大野　新

一個の迷宮である詩人の内奥に分け入り、その生的痙攣と高揚を鋭くとらえる、天野忠、石原吉郎、黒田喜夫、粕谷栄市、清水昶論他。　二〇〇〇円

ゲーテの頭　玉置保巳

ゲーテの頭とは天野忠のこと。稀有な詩人の晩年をつぶさに見つめる。丸山薫、板倉鞆音、黒部節子、杉山平一、以倉紘平、わが心の詩人たち。　二〇〇〇円

天野さんの傘　山田　稔

生島遼一、伊吹武彦、天野忠、富士正晴、松尾尊兊、師と友、忘れ得ぬ人々、想い出の数々、ひとり残された私が、記憶の底を掘返している。　二〇〇〇円

マビヨン通りの店　山田　稔

ついに時めくことのなかった作家たち、敬愛する師と先輩によせるさまざまな思い――〈死者をこの世に呼びもどす〉ことにはげむ文のわざ。二〇〇〇円

コーマルタン界隈　山田　稔

パリ街裏のたたずまい、さまざまな住人たち。孤独を影のようにひきながら暮らす異邦の人々、異邦の私。街と人が息づく時のささやき。　二〇〇〇円

八十二歳のガールフレンド　山田　稔

思い出すとは、呼びもどすこと。すぎ去った人々が、想像のたそがれのなかに、ひっそりと生きはじめる。渚の波のように心をひたす散文集。　一九〇〇円

リサ伯母さん　山田　稔

老いにさしかかった人たちを主人公にした短篇集。ここには現実の老いとは違う、詩のような、寓話のような老いがある（川本三郎氏評）。　二〇〇〇円

北園町九十三番地　山田　稔

天野忠さんのこと――エスプリにみちたユーモア。ユーモアにくるまれた辛辣さ。巧みの詩人、天野忠の世界を、散歩の距離で描き絶妙。　一九〇〇円

幸福へのパスポート　山田　稔

〈ノアコレクション・5〉 フランス留学生活で自ら選んだ孤独。内なる感情の起伏と、人々の淡いふれあいを繊細に描く「散文芸術」の復刊。　一九〇〇円

再会　女ともだち　山田　稔

〈ノアコレクション・6〉 時代と人の移り変わり。もはや存在しない遠い出来事が、精神の葉々のふるえのようによみがえる。　一九〇〇円

スカトロジア糞尿譚　山田　稔

〈ノアコレクション・7〉 古今東西の文学の中の糞尿趣味を、自在に汲み取る。軽妙、反逆。時代の壁をつき破る書。名著復刊。富士正晴挿画。　一八〇〇円

富士さんとわたし　山田　稔

手紙を読む　約三十三年間にわたる書簡を元に、富士正晴の文学と人の魅力、わたしの歳月を往復し、ＶＩＫＩＮＧ他周辺の人々に及ぶ長編散文。　三五〇〇円

竹林童子　失せにけり　島　京子

竹林童子とは、富士正晴。身近な女性作家が、昭和二十五年の出会いから晩年まで、富士の存在と文学、魅力を捉える。　一八二五円

書いたものは残る　島　京子

忘れ得ぬ人々　富士正晴、島尾敏雄、高橋和巳、山田稔、ＶＩＫＩＮＧの仲間達。随筆教室の英《はな》ちゃん。忘れ得ぬ日々を書き残す精神の形見。　二〇〇〇円

余生返上

大谷　晃一

「私の悲嘆と立ち直りを容赦なく描いて見よう」。徹底した取材追求で、独自の評伝文学を築いた著者が、妻の死、自らの90歳に取材する。　二〇〇〇円

大阪学文学編

大谷　晃一

西鶴、近松から、梶井基次郎、織田作之助…大阪文学に流れ続けているもの、大阪人の複雑な人間像の深みをとらえる文学の系譜。　二〇〇〇円

大阪学余聞

大谷　晃一

ベストセラー『大阪学』養分編。奥深い文学の形成から、大阪人気質、才覚の大阪商法、わが町大阪。大阪の街は活気に満ち、人懐かしい。　二〇〇〇円

わが町大阪

大谷　晃一

徹底して大阪の町、作家を描いてきた著者の、私が住んだ町を通して描く惜愛の大阪。血の通った大阪地誌。戦前・戦中・戦後の時代の変転。一九〇〇円

表彰の果て

大谷　晃一

織田作之助の姉の一生、白崎礼三の29歳の死、武田麟太郎の不明とされた母方の追跡ほか、織田作之助、武田麟太郎をめぐる人々を精緻に描く。一八〇〇円

鷗外、屈辱に死す

大谷　晃一

〈ノアコレクション・3〉文豪鷗外の、屈辱とは何か。遺書への疑念から、全生涯をたどり、仮面の内奥に分け入る。関係年譜を付す、定本版。一八〇〇円

象の消えた動物園　鶴見　俊輔

私の目標は、平和をめざして、もうろくするということです。もっとひろく、しなやかに、多元に開く。2005～2011最新時代批評集成。二五〇〇円

巴里のてがみ　竹中　郁

一九二八(昭3)年から二年間、小磯良平と共にパリ留学した著者の、パリの日々、出会い。よき時代と詩人の感性。ジャン・コクトオ論収載。一六〇〇円

人の世やちまた　足立　巻一

〔ノア叢書8〕著者自身の編集による自伝エッセイ。幼年時代の放浪から、波乱に充ちた一生を叙述、情熱の人であった著者の人間像が浮かぶ。二二〇〇円

日が暮れてから道は始まる　足立　巻一

筆者が病床で書き続けた連載「日が暮れてから道は始まる」(読売新聞)「生活者の数え歌」(思想の科学)に、連載詩を収録。一八〇〇円

石の星座　足立　巻一

神の降臨する石、風土記の大石、渡来石工伊行末一族の行方、若冲の五百羅漢、石の村、俳諧者・画家の墓など原初としての石を語る。一八〇〇円

物言わざれば　桑島　玄二

〔ノア叢書4〕一貫して戦争と詩を追跡・記録する著者が、詩人は戦時下をどう生き書いたか。無名戦士の死と詩、戦争と子どもの詩ほか。一九〇〇円

詩と生きるかたち　杉山平一

いのちのリズムとして詩は生まれる。詩と形象、詩と音楽。大阪の詩人・作家。三好達治、丸山薫人と詩。花森安治を語る。竹中郁氏の手紙。二二〇〇円

窓開けて　杉山平一

日常の中の詩と美の根元を、さまざまに解き明かす。明快で平易、刺激的な考え方や見方がいっぱい詰まっている。詩人自身の生き方の筋道。二〇〇〇円

わが敗走　杉山平一

〔ノア叢書14〕盛時は三千人いた父と共に経営する工場の経営が傾く。給料遅配、手形不渡り、電車賃にも事欠く、経営者の孤独な闘いの姿。一八四五円

三好達治風景と音楽　杉山平一

〔大阪文学叢書2〕詩誌「四季」での出会いから、自身の中に三好詩をかかえる詩人の、詩とは何か、哀惜の三好達治論。一八二五円

希望　杉山平一

第30回現代詩人賞　もうおそい　ということは人生にはないのだ　日常の中の、命の光、人と詩の「希望」の形見。九十七歳詩集の清新。一八〇〇円

巡航船　杉山平一

名篇『ミラボー橋』他自選詩文集。青春の回顧や、家庭内の幸不幸、身辺の実人生が、行とどいた眼光で、確かめられてゐる（三好達治序文）。二五〇〇円

凍り絵
港野喜代子詩集

彼女において詩は手先のものではなく、言言句句、声、身振り、全存在のなかから現われる。草も花も風も物もやさしく歌い出す(杉山平一)。二〇〇〇円

かく逢った
永瀬　清子

詩人の目と感性に裏打ちされた人物論。宮沢賢治、高村光太郎、萩原朔太郎、草野心平、井伏鱒二、三好達治、深尾須磨子、小熊秀雄他。二〇〇〇円

光っている窓
永瀬　清子

〔ノア叢書3〕 明治生れの詩人が、父母から受けたもの、子供に伝えるもの、友情の支え、人の生きつなぎ、自然の慈愛を、てらいなく描く。一八〇〇円

日は過ぎ去らず
小野十三郎

半ば忘れていた文章の中にも、今日の状況の中でこそ私が云いたいことや、再確認しておかなければならないことがたくさんある(あとがき)。一八〇〇円

記憶の川で
塔　和子詩集

第29回高見順賞 半世紀を超える私の療養所暮らしの中で、たった一つの喜びは、詩をつくることでした。私だけの記憶。本質から湧く言葉。一七〇〇円

塔和子全詩集〈全三巻〉

ハンセン病という重い甲羅。多くを背負わなかったら私はなかった。闇ゆえに光を求める生きる勇気の詩。未刊詩篇随筆年譜を加え完成。各八〇〇〇円

足立さんの古い革鞄　庄野　至

第23回織田作之助賞　足立巻一とＴＶドラマ作りで過ごした日々。モスクワで出会った若い日本人夫婦の憂愁。人と時の交情詩情五篇。　一九〇〇円

異人さんの讃美歌　庄野　至

明治の英語青年だった父の夢。兄、潤三に別れを告げに飛んできた小鳥たち。彫刻家のおじさん。夜汽車の女子高生。いとしき人々の歌声。　二〇〇〇円

夜がらすの記　川崎　彰彦

売れない小説家の私は、妻子と別居、学生アパートで文筆と酒の日々を送る。ついには脳内出血で倒れるまでを描く連作短篇集。（品切）　一八〇〇円

冬晴れ　川崎　彰彦

軍医であった父は失意を回復しないまま晩年を送り、雪模様の日に死んだ。「冬晴れ」ほか著者の二十二年間の陰影深い短篇集。　一六五〇円

足立巻一　東　秀三

ストイックなまでに意見の類を抑さえ、足立の言葉で語らせる。足立の仕事が人生の必然から生まれた事を納得させられる（神戸新聞評）。　一九四二円

神戸　東　秀三

神戸に生まれ育った著者が、灘五郷から明石まで、神戸を歩く。街と人、歴史風景、さまざまな著者の思いが交錯する。神戸っ子の神戸紀行。　一八二五円

梶井基次郎　落日の比喩

上村　武男

〔大阪文学叢書1〕梶井の中の崖の風景、結尾の問題、中島敦との比較、「冬の日」の詳読、母の事、宇野千代の事、梶井文学の生命線を探る。一八〇〇円

北條秀司詩情の達人

田辺　明雄

〔大阪文学叢書3〕「王将」「佃の渡し」「建礼門院」等、多数の名作によって現代演劇の最高峰に輝く北條秀司の人と作品の全貌を活写。二二〇〇円

織田作之助　雨　螢　金木犀

中石　孝

〔大阪文学叢書4〕放浪無頼の作家・作之助は雨、螢、金木犀に象徴されるむしろ抒情詩人であった。「哀傷と孤独の文学」を跡づける。二〇〇〇円

木村庄助日誌

木村重信編

太宰治『パンドラの匣』の底本　特異な健康道場における結核の療養日誌だが、創作と脚色のある自伝風小説。濃密な思いの詳細な描写。三〇〇〇円

火用心

杉本秀太郎

〔ノア叢書15〕近くは佐藤春夫の『退屈読本』遠くは兼好法師の『徒然草』、ここに夜まわり『火用心』、文芸と日常の情理を尽くす随筆集。二〇〇〇円

神戸の詩人たち

伊勢田史郎

神の戸口のことばの使徒。詩人の街神戸のわが詩人たち。詩は生命そのものである、と証言した、先達、仲間たちの詩と精神の水脈。二〇〇〇円

金子みすゞへの旅　島田陽子

「大漁」の詩に激しく心をゆさぶられた私は、みすゞの詩の世界にのめり込む。清々しい光芒を放ち26歳で逝った薄幸の詩人の心への旅。

一七四八円

心と言葉　以倉紘平

人生への感動がなければ、小説も詩も成り立たない。現実に対する深い関心、内発するものが、幻想を生み、幻想と結合する。魂・生命の詩論。

二二〇〇円

野の牝鶏　大塚　滋

第1回神戸ナビール文学賞　海軍兵学校から復員した少年と、牝鶏との不思議な友情・哀惜の意味するもの。受賞作「野の牝鶏」他。

二〇〇〇円

幸せな群島　竹内和夫

同人雑誌五十年――青春のガリ版雑誌からＶＩＫＩＮＧ同人、長年の新聞同人誌評担当など五十年の同人雑誌人生の時代と仲間史。

二三〇〇円

球乱　和田浩明

第3回神戸ナビール文学賞　戦災で母と妹を亡くし、父と疎開した主人公が出会った野球少年との五十年の友情と野球史「球乱」他。

一八二五円

くぐってもいいですか　舟生芳美

第11回神戸ナビール文学賞　あたしのうち壊れそうなんです。少女の祈りと二十歳の倦怠。天賦の感性と観察で描き出す作品世界。

一九〇〇円